그렇게
진짜
마케터가
된다

그렇게
진짜
마케터가
된다

일과 커리어의 빈틈을 채워줄
실전 마케터 로드맵

미래의창

새로 신입 마케터가 입사하면 내게 종종 이렇게 말하곤 한다.

"광고 만들고 싶어요."

그들에게 마케터가 무슨 일을 하는 사람인지 물어보면 기발한 아이디어로 광고를 만들거나 재미있는 팝업 행사를 여는 등, 마케팅 업무 중에서도 겉으로 보여지는 활동에 대한 대답이 돌아올 때가 많다. 여기서 마케터에 관한 흔한 오해 하나를 발견할 수 있다. 바로 마케터란 '톡톡 튀는 아이디어를 내는 직업'이라고 생각하는 것이다.

한 10년 전쯤, 내가 마케터를 꿈꾸던 시절을 돌아보면 나 역시 도대체 마케터가 무슨 일을 하는지 알 수 없어 어려웠던 기억이 있다. 마케터가 된 대학 선배들을 만나봤지만 회사마다 브랜드마다 하는 일이 천차만별이라 마케터의 '일'을 명확하기 정의 내리기가 불가능했다. 마케터가 쓴 책을 열심히 찾아봐도 몇십 년씩 연차가 쌓인, 구루_{guru}라고 불릴 만한 경력자 분들의 것이 대부분이었다. 내가 정말 궁금했던, 마케터가 되는 과정이나 좋은 마케터로 크기 위한 방법 같은 이야기는 찾기 어려웠다.

그 궁금증을 끌어안은 채 나는 마케터로 일하게 됐다. 일을 시작한 후에는 일을 제대로 하고 있는지, 실력이 쌓이고 있는지 궁금했다. 하지만 마케팅에 커리큘럼이 정해진 공인 자격증이 있는 것도 아니고, 어떻게 실력을 쌓아야 하는지 알 길이 없었다. 답답한 마음에 포털사이트 검색창에 '마케터가 갖춰야 할 역량' 같은 것을 쳐봤더니 '문제해결능력'처럼 어디서 익힐 수 있는지 감도 오지 않는 단어들만 나와 더욱 막막했던 적도 있다. 수시로 변화하는 비즈니스 상황 속에서 브랜드를 키워내야 하는 마케터에게는 동일한 현상을 보더라도 얼마나 깊고 새롭게 분석할 수 있는지가 중요하다. 새로운 시선으로 비즈니스를 보는 능력은 반복 훈련을 통해 향상된다. 그런데 현실적으로 이 능력은 일 잘하는 마케터와 함께 일하면서 옆에서 도제식으로 터득하는 방법 말고는 배우기 어렵다. 이와 같은 마케터 일의 성격을 이해하고 나니 내가 초년생 때 겪었던 어려움들이 당연히 거쳐야만 하는 과정이었다는 생각이 든다.

그래서 이 책에 나의 경험을 최대한 많이 담아, 바로 옆에서 접하는 것처럼 마케터의 생각과 고민, 일과 원칙을 전하고자 했다. 책은 크게 두 파트로 나누었다. 파트 1에서는 마케터를 꿈꾸고, 직장을 구하고, 이직을 하면서 마케터로서 스스로 방향을 잡기까지 겪었던 경험담을 위주로 풀어냈다. 파트 2에서는 마케터로 일하면서, 나아가 마케팅 팀장으로 일하면서 얻은 보다 실무적으로 도움이 될 업무의 소양과 가이드를 다뤘다. 그리고 마지막 부록으로 서로 다른 인더스트리에서 일하는 마케터들의 인터뷰를 더해 비즈니스에 따라 마케터의 일이 얼마나 다채로운지를 담았다.

나는 몇 번의 이직을 통해 스타트업부터 외국계 대기업까지 두루 겪으면서, 다양한 인더스트리에 속해보고 다양한 사이즈의 브랜드들을 맡아본 뒤에야 그 밑단에 공통적으로 존재하는 마케터의 '일'이 무엇인지, 또 그 일을 '제대로' 한다는 것이 무엇인지 알게 됐다. 그 경험으로부터 얻은 것들을 통해 마케터에 대한 흔한 오해를 깨고, 그들이 실제로 어떤 일을 하는지 전달하고자 이 책을 썼다. 나의 경험 자체보다는 그 과정에서 어떻게 접근했는지에 더 주목해서 읽으며 자신의 상황에 적용해볼 수 있는지, 다르다면 어떻게 다른지 등을 고민해본다면 여러분이 마케터의 일을 이해하는 데 도움이 되리라 생각한다. 각 챕터를 차근차근 따라가다 보면 변화하는 비즈니스 상황에서 마케터는 어떤 고민을 하고, 어떻게 더 나은 마케팅을 하며, 어떻게 스스로를 성장시킬지 방향과 중심을 잡을 수 있을 것이다.

나의 이야기가 마케터를 꿈꾸고 있는 예비 마케터부터 다른 마케터가 어떻게 커리어를 쌓는지 궁금한 마케터, 직업인으로서 일을 대하는 태도를 배우고 싶은 마케터, 실무 능력을 키우고 싶은 마케터에게 분명 유용할 것이라 믿는다. 이 책이 마케터가 궁금한 이들에게 직무에 대한 새로운 관점과 함께 고민할 거리도 남길 수 있길 진심으로 바란다.

차례

PART 1
마케터는
광고 만드는 사람이 아닙니다만

1 CHAPTER
마케터는 어떻게 되는 걸까
마케터의 첫걸음

CHAPTER

2 나와 잘 맞는 회사는 어디에 있나

마케터의 커리어패스

PART 2
마케터의
진짜 능력이 빛나는 순간

CHAPTER

3
마케팅이란 정글에서 살아남기 위해
마케터의 일과 원칙

CHAPTER

4 팀을 리드하려면 플러스 알파가 필요하다 마케터의 레벨업

부록 인터뷰 마케터에게 '마케터의 일'을 묻다

PART 1

마케터는
광고 만드는 사람이
아닙니다만

Chapter 1

마케터는
어떻게 되는 걸까

| 마케터의 첫걸음 |

어떻게 마케터가
될 수 있을까?

사람들은 자신이 알고 있는 만큼의 세상을 살아간다. 내 경우 고등학생 시절까지만 해도 마케터가 무슨 일을 하는지 몰랐고, 마케터라는 단어를 들어본 적조차 없었다. 경남 거제에서 자라다 보니 주변에서 접할 수 있는 직업에 한계가 있었다. 알고 있는 직업을 대라면 조선업이 발달한 지역 특성 탓에 흔히 보게 되는 생산 및 현장직, 무슨 일을 하는지 정확히 알 수 없는 사무직, 학교 선생님이나 그 밖의 공무원, 그리고 자영업 정도였을 만큼 내 세상은 작았다. 그때는 '회사에 다닌다'라는 것이 '사무실에서 책상 앞에 앉아 일한다'를 의미한다고 생각했을 뿐, 각각의 회사원들이 무슨 직무로 어떤 일을 하며 앉아 있는 것인지는 알지 못했다. 세상에는 무수하고 다양한 회사들이 있고 그 회사들을 굴러가게 하려면 그만큼 무수하고 다양한 직무가 필요하다는 것에 대해 아무런 이해가 없었다는 이야기다. 지금 와서 생각해보면 내 세상이 그토록 좁았다는 사실이 놀라울 따름이다.

그렇게 시간이 흘러 대학 진학을 앞둔 나는 경영학과에 지원했다. 단순히 제일 많은 학생을 뽑는다는 이유에서였다. 내가 무엇을 배우고 싶은지도, 그곳에서 무엇을 배울 수 있는지도 모른 채 선택한 전공이었지만 다행히도 나는 운이 꽤 좋았다. 마케팅원론 수업을 들으면서 난생처음으로 '내가 하고 싶었던 공부가 바로 이런 것이었구나!' 하고 깨닫게 된 것이다. 경영학과에 지원하지 않았더라면 고등학생 때의 좁은 세계에서 평생 벗어나지 못했을 수도 있다는 생각에 아찔해지기까지 한다. 마케팅원론을 비롯한 수업들은 내가 그동안 들어온 다른 수업들과는 사뭇 달랐다. 다른 수업들은 실생활과 연관성이 적은 교과서 속의 이야기일 뿐이었다면, 경영학과의 수업들, 특히 마케팅 수업은 내가 매일같이 보고 듣는 광고나 마트에서 구매하는 물건들이 실제로 어떤 배경에서 만들어진 것인지 알려주었다.

내가 들었던 마케팅원론 수업을 간략하게 정리해보면 다음과 같다. 마케팅이란 기업이 상황의 변화에 대응하면서, 제품이나 서비스를 판매하기 위해 시장을 조사하고, 상품을 계획하고, 선전·판매하는 것이다. 이 정의와 함께 한 학기에 걸쳐 마케팅 분석과 전략적 플래닝에 있어 필수적인 프레임워크framework인 '5C-STP-4P'를 익혔다. 마케팅 전략을 세우기 위해서는 먼저 비즈니스 상황을 분석해야 하는데, 이때 5C(회사Company, 소비자 Consumer, 경쟁자Competitor, 협력자Collaborator, 환경Circumstance)를 고려해야 한다. 이 다섯 가지 요소들을 중심으로 상황을 분석한 다음에는 기업의 제한된 리소스를 최적화하여 활용하기 위해 STP(시장 세분화 Segmentation, 타깃 설정Targeting, 포지셔닝Positioning)의 순서로 마케팅 전략을 세운다. 고객군을 공통적인 특성을 가진 그룹으로 나누어 세분화하고, 그중에서 우리의 제품이나 서비스를 제공할 타깃을 정하며, 경쟁사와 비교했을 때 어떤 가치를 내세워 해당 타깃의 마음속에 우리 브랜드를 어떤 컨셉으로 명확히 각인시킬지 그리는 과정이다. 그리고 나서는 4P(제품Product, 가격Price, 유통Place, 판촉 Promotion)라는 마케팅 믹스(목표를 효과적으로 달성하기 위해 여러 마케팅 요소들을 조화롭게 구성하는 일)에 맞추어 어떻게 우리의 가치를 만들고 전달할 수 있을지를 고민한다.

내가 마케팅에 빠진 이유

"5C-STP-4P의 각 파트를 대표하는 마케팅 케이스를 배우는 수업을 듣고 마케팅을 좋아하게 됐다고요? 도대체 왜요?"

누군가 내게 이렇게 묻는다면, 첫 번째 이유로 당장 내 생활과 관련된 실용적 학문이라는 점을 꼽겠다. A라는 카테고리에서 유명한 브랜드가 B라는 새로운 카테고리로 진출할 때 기존 브랜드명을 노출하는 것이 좋을지 아니면 기존 이름을 숨기고 세컨드 브랜드를 만드는 것이 좋을지 논의하거나, 그 논의의 결과로 내가 마트에서 발견한 새로운 브랜드가 실은 이미 알고 있던 익숙한 브랜드와 관련이 있다는 것을 깨닫는 순간들이 무척이나 흥미로웠다. 나아가 마케터들의 활동으로 인해 고객의 생각이나 인식이 바뀌는 모습이 신기했다. 가령, 과거에는 '산타'의 이미지가 정형화되어 있지 않았다고 한다. 누군가는 난쟁이 요정이라고 말했고, 다른 누군가는 키가 크고 마른 남자라고 말하기도 했다. 오늘날 우리가 생각하는 '산타 할아버지'의 이미지는 코카콜라가 겨울 매출액 상승을 위해 만들어낸 것이다. 날씨가 더운 여름에는 사람들이 코카콜라와 같은 시원한 탄산음료를 쉽게 떠올렸지만 겨울에는 그렇지 않았다. 이를 극복하기 위해 코카콜라는 겨울의 상징인 산타가 코카콜라를 마시는 내용의 광고를 만들었다. 이 광고는 단지 코카콜라의 겨울 매출을 높이는 데 성공했을 뿐 아니라, 사람들에게 특정한 산타의 이미지를 학습시켰다. 이러한 케이스들을 접하면서 나는 마케팅이 사람들의 생각까지 바꿀 수 있다는 것에 매료되기 시작했다.

두 번째 이유는 그냥 모르고 지나칠 땐 보이지 않던 '의도'를 파악할 수 있다는 것이었다. 그동안 별생각 없이 보았던 광고나 신제품이 어떤 의도를 가지고 기획됐는지 아는 것은 정말 즐거웠다. 새로운 제품이나 프로모션, 광고 등이 눈에 띌 때마다 담당 마케터가 어떤 의도를 가지고 이를 만들었는지 읽어내는 재미가 쏠쏠했다. 그렇게 다른 시선으로 주변을 바라보니 세상의 모든 것들이 내게 말을 걸어오는 것 같았다. 짧은 광고 한 편을 보더라도 저 광고가 왜 저렇게 구성됐는지, 나라면 어떻게 만들었을지 생각해보게 됐다.

세 번째 이유는 마케팅은 다루는 사람에 따라 수만 가지의 정답이 나올 수 있다는 점이었다. 똑같은 질문에 대해 똑같은 정보를 바탕으로 답을 찾아도 어떻게 접근했느냐에 따라 결과물이 전혀 달랐다.

마케터가 되기까지의 어려움들

이렇게 마케팅 수업을 통해 내가 하고 싶은 직무가 '마케터'라는 것을 알게 됐다. 하지만 원하는 직무를 찾은 것은 시작일 뿐, '진짜 마케터'가 되기 위해 필요한 능력을 갖추고 업계에 진입하는 과정은 정말이지 쉽지 않았다. 그중 나를 가장 괴롭혔던 세 가지 어려움은 다음과 같다.

마케터가 되기 위한 실력은 어떻게 쌓아야 하나?

마케팅의 매력을 알게 된 2학년 1학기가 끝나고 여름방학이 찾아왔다. 나는 공모전 이름에 '마케팅'이라는 단어가 붙어 있기만 하면 무조건 지원했고, 모든 공모전에서 시원하게 탈락했다. 그때는 열심히 하는데 자꾸 떨어지는 상황이 답답하기만 했는데, 지금 와서 생각해보면 당연했다. 기억에 남는 공모전은 가정식을 파는 요식업 브랜드의 마케팅 전략을 제시하는 것이었다. 나는 5C-STP-4P 프레임워크에 너무 집중한 나머지, 5C 단계에서 시장 현황을 분석했을 때 현재 설정된 제품의 가격에는 문제점이 없었음에도 4P 단계에서 네 가지 요소를 모두 언급하기 위해 가격을 다시 설정하기를 제안하는 등 분석과 솔루션이 일관되지도 않고 근거도 없는 보고서를 제출했다. 현황 분석 과정에서 지금의 가격이 브랜드의 성장에 문제가 된다고 판단됐을 때 가격 조정을 제안하는 것이 논리에 맞는데, 프레임워크의 빈칸 채우기에만 몰두했던 것이다. 사실 프레임워크는 말 그대로 하나의 '틀'일 뿐이다. 그 틀에 갇히기보다는 비즈니스 상황의 원인에 대해 더 깊게 고민해야 한다는 것을 당시에는 알지 못했다. 그때 내 발표를 지켜보던 심사위원들의 따분한 표정이 이제는 이해가 된다.

마케터가 되는 과정에서 내가 겪은 첫 번째 어려움은 마케터가 되기 위한 실력을 갖추고는 싶은데 이를 어떻게 쌓아야 할지 모르겠다는 것이었다. 정해진 커리큘럼을 따라 공부해서 딸 수 있는 공인 자격증이 있는 것도 아니고, 포털사이트에 '마케터가 갖춰야 하는 역량' 같은 것을 검색해봐도 '문제해결능력'처럼 어디서부터 시작해야 할지 도무지 알 수 없는 단어들만 나오고, 실력을 쌓고 싶어 지원한 공모전에서는 떨어지기만 할 뿐 내게 무엇이 부족한지 들을 수 있는 기회는 없다는 것이 어려웠다. 어디선가 주워듣기로는 마케터로서 실력을 갖추려면 공모전에서 입상하고 인턴으로 일해보기도 하면서 경험을 쌓는 수밖에 없다는데 그 길을 가고 싶어도 눈앞에 높은 벽이 세워져 있는 기분이었다.

그렇게 막막함 속에서 방학을 보낸 뒤 새 학기를 맞이할 즈음, 이 어려움을 극복할 해결책 하나를 찾을 수 있었다. 바로 마케팅 학회였다. 하버드 비즈니스 스쿨의 비즈니스 케이스를 팀 단위로 분석하고 토론하는 학회가 있다는 것을 알고 참여하게 됐는데, 전공 수업에서보다 훨씬 다양한 케이스들을 접할 수 있었다. 이를 통해 5C-STP-4P 프레임워크는 기본적인 프레임 정도로만 활용하고, 개별 브랜드가 처한 상황이나 어려움의 근본적인 원인을 찾는 데 더 많은 시간을 쏟아야 제대로 된 마케팅 전략을 구상할 수 있다는 것을 배웠다. 이에 대해서는 3장에서 보다 자세히 다룰 예정이다.

마케터가 실제로 하는 '일'에 대한 정보는 도대체 어디에 있나? 사람들을 만날 때마다 마케터가 되고 싶은데 어떻게 시작해야 할지 모르겠다며 하소연을 하다 보니 경영 컨설턴트로 일하는 선배와 이야기를 나눠볼 기회가 생겼다. 선배는 내게 물었다.

"어떤 마케터가 되고 싶어요?"

"어느 인더스트리에서 일하고 싶어요?"

업을 찾기 위해 당연히 파악하고 있어야 하는 것들에 대한 질문들이었다. 하지만 나는 직접 이 질문들을 받고 나서야 이에 대해 한 번도 고민해본 적이 없다는 사실을 비로소 깨달았다. 채 10분도 되지 않았던 짧은 대화를 통해 '마케터에는 종류가 많구나', '대행사 마케터와 인하우스 마케터는 서로 다르구나', '인더스트리에 따라 마케터의 일에도 차이가 있구나' 등등 그동안 생각조차 하지 못했던 것들을 알게 됐고, 이를 기점으로 내가 알아야 하는 것들의 리스트를 세울 수 있었다.

이후 마케터에 관련된 정보를 얻으려고 도서관으로 향했다. 그러나 한 회사에서 몇십 년씩 경력을 쌓은, 마케팅계의 구루guru라고 불릴 법한 사람들이 쓴 책들뿐이었다. 물론, 그분들의 이야기는 너무나 훌륭하고 멋졌지만 아직 마케터의 '일'에 대한 정보가 없는 내게는 까마득하게 느껴졌다. 마케터가 무슨 일을 하는지 알아야 내게 부족한 것을 알고 채워나갈 텐데……. 어떻게 해야 마케터가 될 수 있는지에 대한 정보는 도통 찾을 수가 없어 답답함과 갈증만 더욱 심해졌다. 여러 우여곡절 끝에 마케터로 입사를 하고 나서야 그토록 원했던 정보들을 얻을 수 있었다. 내가 절실히 필요했던 시점에는 안개 속에 쌓인 듯 알 수 없었던 정보들이 실제 그 시장에 뛰어드니 환하게 보인다는 것이 한편으로는 쓸쓸하기도 했다.

세 번째 어려움
왜 마케터는 많이 안 뽑나?

대학 시절 내가 아는 마케터가 되는 유일한 방법은 기업에 마케터로 채용되는 것이었다. 그런데 가고 싶은 회사들의 마케터 채용 공고가 올라오지 않았다. 4학년이 되자 한 학기 동안 몇십 개의 자기소개서를 썼다. 삼성 같은 대기업부터 시작해서 100곳이 넘는 기업들을 리스트업해두고, 마케팅 분야 채용 공고가 뜨기만 하면 가리지 않고 지원서를 냈다. 지금만큼은 아니지만 이미 취업시장이 팍팍해질 대로 팍팍해져 '취업 N수생'이란 말이 당연시되던 때라, 내게 맞는 회사가 어디인지에 대한 고민보다는 '일단 붙고 나서 생각하자'는 조급함이 앞설 수밖에 없었다. 영업 인력은 00명씩 채용하는데, 마케팅 인력은 아예 채용 공고가 없거나 0명만 뽑는 것을 보면서 왜 기업들이 마케터를 뽑지 않는지 원망 아닌 원망도 했다. PLC_{Product Life Cycle}(제품 수명주기)에 따라 마케터가 하는 일이 다르기 때문에 성숙기에 해당하는 기업들은 마케터를 많이 채용할 필요가 없다는 사실을 몰랐으니 좀처럼 열리지 않는 취업의 문 앞에서 답답해하기만 했다.

이 세 가지 외에 다른 어려움들도 많았다. 아직 원하는 직무를 찾지 못한 사람은 나를 보고 어떻게 확신을 가지고 마케터가 되고자 했는지 신기할 수도 있지만, 나 역시 다른 사람들의 시선에 흔들리며 다른 길에 기웃거렸던 적도 있다. 이 책을 쓰기에 앞서 대학 시절에 적었던 글들을 살펴보고 깜짝 놀랐다. 그 시절의 나는 마케터라는 직업에 확신을 가지고 있었다고 생각했는데, 이리저리 흔들렸던 흔적들이 곳곳에서 발견됐기 때문이다. '그래도 경영학과에 왔는데 공인회계사 시험은 쳐야 하는 거 아닐까?'라거나 '첫 직장으로는 컨설팅 쪽이 좋다던데, RA_{Research Assistant} 인턴십에 한번 지원해볼까?' 같은 고민들이었다.

이런 흔들림은 취업 후에도 이어졌다. 나는 스타트업에서 처음으로 마케터로서 일하게 됐는데, 네임밸류가 없는 곳에 입사한다는 것이 남들의 눈에 어떻게 비춰질지 신경 쓰지 않을 수 없었다. 그 시절 내가 가지고 다니던 노트에는 '난 참 바라는 게 많아서 일도 재밌어야 하고, 성장도 해야 하고, 회사가 네임밸류

도 갖춰야 한다. 아니, 그중 네임밸류가 가장 중요한 것 같기도'
같은 글들이 적혀 있다. 이제는 안다. 커리어를 쌓는다는 건 이
렇게 흔들리면서, 아닌 것 같은 길을 걸을 때는 괴로워하기도 하
면서, 때로는 앞만 보는 경주마처럼 내달리면서 나의 길에 점점
확신을 갖게 되는 과정이라는 것을. 좋아하는 일은 어느 날 불쑥
나타나는 것이 아니라, 매일 조금씩 그 일에 시간과 노력을 쏟고
내 안에 경험이 쌓이면서 스스로 만들어가는 것이다.

같은 마케터여도
하는 일이 달라

마케터라는 직무의 존재를 알게 된 후, 마케터가 '코카콜라의 산타클로스' 같은 것들을 만드는 사람이라는 것까지는 이해하기 쉬웠다. 하지만 그들이 정확히 무슨 일을 하는 것인지는 알기 어려웠다. 마케터가 된 대학 선배들을 만나봤지만 회사마다 브랜드마다 하는 일이 천차만별이라 마케터의 '일'을 명확하기 정의 내리기가 불가능했다. 내가 마케터가 되어 몇 번의 이직을 거치며 다양한 인더스트리에 속해보고 다양한 사이즈의 브랜드들을 맡아본 뒤에야 그 밑단에 공통적으로 존재하는 마케터의 '일'이 무엇인지 알 수 있었다.

마케터는 무슨 일을 하는 사람일까?

브랜드 마케터는 브랜드의 현황As is을 파악하고 가고자 하는 방향To be으로 브랜드를 만들어가는 일을 한다. 이를 위해 브랜드 방향성 설정부터 신상품에 대한 고민, 프로모션과 광고 기획까지 광범위한 업무를 수행한다. 이 일들은 브랜드 마케터들이 일반적으로 하는 것이고, 실제로는 각 브랜드가 처한 상황, PLC, 인더스트리의 특징에 따라서 마케터가 하는 일이 달라진다.

마케터가 하는 일

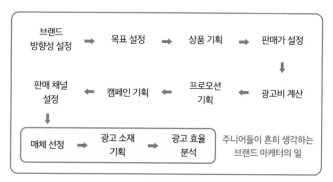

실제 브랜드 마케터가 하는 일

그렇게 진짜 마케터가 된다

마케터는 왜 브랜드의 상황에 따라 다른 일을 하게 될까?

마케터가 하는 일이 브랜드의 상황에 따라 달라지는 이유는 마케터는 개발자처럼 전문 지식을 기반으로 일하는 것이 아니라, 비즈니스를 이해하고 상황에 따라 그 순간의 최선책을 찾는 일을 하기 때문이다. 이때 마케터의 일은 기업의 PLC에 따라 달라지기도 하고 인더스트리의 특징에 따라 달라지기도 한다.

PLC에 따라 달라지는 마케터의 일

먼저, PLC에 따라 마케터의 일이 어떻게 달라지는지 살펴보자. PLC는 기업이 거치는 생애주기로, '도입기 - 성장기 - 성숙기 - 쇠퇴기'의 순서로 진행된다. 내가 속한 기업의 PLC가 어느 단계이냐에 따라 그 브랜드가 가고자 하는 방향, 즉 'To be'가 달라지고 자연히 마케터가 하는 일도 달라진다. 스타트업과 같이 도입기에 속한 기업은 신규 유저 모집, 매출액 성장 등 몸집 키우기가 중요하다. 때문에 마케터를 많이 채용하고 마케팅이 회사 내 핵심 직무가 되며 그 활동이 비즈니스를 성장시키는 데 집중된다. 반면, 대기업처럼 성숙기에 진입한 기업은 이미 일정 수준 이상의 고객이 확보된 상태이므로 마케팅에 크게 투자한다고 해도 도입기에 비해 큰 성장을 기대하기 어렵다. 따라서 매출

PLC에 따른 판매량의 변화

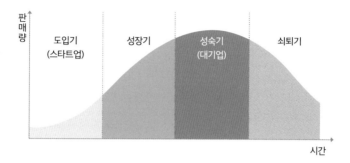

액의 신장보다는 비용의 효율적 관리를 통한 이익 증대를 추구할 가능성이 높다. 이 경우 마케터는 비즈니스를 리드하기보다 SNS 채널 운영이나 브랜딩 차원의 행사 진행 등으로 업무 영역이 줄어들 수 있다. 실제로 스타트업에서 마케팅 팀장으로서 채용 면접을 진행하다 보면 대기업에서 경력을 쌓은 마케터들이 스타트업에서 해야 할 광범위한 업무들을 경험해보지 못해 관련 질문에 제대로 답하지 못하는 경우가 제법 많았다.

취업준비생 시절 '왜 내가 가고 싶은 기업들은 마케터를 뽑지 않을까?'라는 의문이 내 머릿속에 늘 맴돌았던 것은 PLC에 대한 이해가 부족했기 때문이었다. 가고 싶은 회사에 대한 기준이 구체적이지 않은 상태에서 막연히 다들 좋다고 하는 대기업에 가야겠다는 생각만 가지고 있었던 나는 대기업의 채용 공고가 올라올 때마다 마케팅 직무를 찾아 지원서를 냈다. 하지만 그 기업들은 성숙기에 있었고, 마케터가 많이 필요하지 않았다. 그러니 대기업의 신입 마케터 채용 인원은 항상 0명이었던 것이다.

인더스트리에 따라 달라지는 마케터의 일

인더스트리의 특징에 따라서도 마케터가 하는 일은 달라진다. 공교롭게도 내가 일했던 두 회사의 인더스트리는 확연히 다른데, 똑같이 마케터로서 근무했지만 내가 담당했던 일의 성격 역시 매우 달랐다. 이를 비교하여 표로 정리해보면 다음과 같다.

인더스트리별 마케터의 업무 - P&G vs. 꾸까

	P&G	꾸까
인더스트리	생필품(FMCG)	꽃 판매 이커머스
특징	• 물건 자체를 바꿀 수 없으므로, 그 위에 덧씌우는 컨셉 강화 필요 • 자체 몰이 없기 때문에 '유통사 관리'도 마케터의 주요 업무	• 서비스 기반이므로 상품을 변화시킴(예: 정기구독 1개월권 개발) • 전체 매출 중 자체 몰 매출의 비중이 가장 커서 '유통사 관리'의 중요도 낮음 • 자체 몰을 통해 어떤 광고가 유효한지, 가장 판매가 활발한 시간대는 언제인지 등 정보 접근성 높음
한계	• 디지털 광고를 집행하지만, 자체 몰이 없어 GA*와 같은 툴로 트래킹 가능한 정보 없음	• 유통기한이 짧은 상품을 관리하는 것에서 오는 어려움(예: 재고화 어려움)

*GA Google Analytics : 구글에서 제공하는 웹 분석 서비스. 웹사이트의 트래픽을 트래킹하고 각종 정보를 확인 및 분석할 수 있다.

P&G의 경우 FMCG_{Fast Moving Cosumer Goods}* 인더스트리에 있다보니, 마케터가 제품 자체를 바꿀 수는 없었다. 마케터가 제품에 향을 추가하거나 용량을 늘린다거나 하는 식의 변화를 시도하기는 어렵다는 것이다. 따라서 커뮤니케이션 메시지를 개발하는 데 집중해야 했다. 또한 고객에게 직접 판매하는 것이 아니라 유통사를 거치기 때문에 각 유통사를 어떤 역할로 정의할지, 유통사별로 어떤 상품군을 론칭할지와 같이 유통사와의 관계를 고민하는 것이 마케터의 주요 업무 중 하나였다. 자체 몰이 없어 디지털 광고를 집행해도 유통사 몰로 랜딩되므로 이에 대한 데이터를 갖지 못한다는 한계가 있었다.

이와 반대로 꾸까는 자체 몰을 갖춘 꽃 판매 이커머스라서 우리의 제품에 변화를 주는 것이 용이했다. 그래서 마케터의 주요 업무 역시 서비스기획팀, 개발팀과 제품을 변화시키는 것이었다. 예를 들어 2주에 한 번씩 꽃다발을 보내주는 정기구독 상품을 판매할 때, 기존에는 6개월 단위의 장기간 구독권만 있었다면 '1개월권'처럼 구매 허들을 낮춘 상품을 이벤트성으로 선보이면서 고객의 반응을 살펴볼 수 있다. 전체 매출액 중 자체 몰의 매출액이 가장 높다 보니 유통사 관련 업무의 중요도는 자연스레 낮아졌다. 자체 몰이 있어서 GA와 같은 트래킹 툴을 활용해 고객 데이터에 접근하기도 좋았다. 그러나 꽃은 유통기한이

* 생활필수품과 같이 판매 속도가 빠르고 상대적으로 저렴한 가격에 팔리는 상품군.

짧아 이를 다루는 데 어려움이 있었다(재고를 많이 확보할 수 없다는 점 등).

이렇게 인더스트리별로만 봐도 마케터의 일이 모두 다르다. 그런데 여기에 오프라인 매장까지 있다면? 한국 외에 외국 마켓도 다룬다면? 마케터의 영역은 그만큼 확장되고 다채로워질 것이다. 같은 마케터라고 할지라도 각 브랜드가 처한 상황, PLC, 인더스트리에 따라서 하는 일이 모두 다르다.

　여기서 알아두어야 하는 사실은 마케터란 사람들이 흔히 하는 오해처럼 단지 번뜩이는 아이디어를 내는 것만이 중요한 직업이 아니라는 점이다. 마케터는 비즈니스의 현재 상황을 파악하고 원하는 목표를 달성하기 위해 필요한 모든 일을 한다.

마케터의 종류가
이렇게나 다양하다니

마케터가 하는 일만큼이나 마케터의 종류 역시 다양하고, 또 갈수록 더 다양해지고 있다. 예전에는 마케터라는 직무 하나로만 구분됐지만, 온라인 환경이 발전하면서 브랜드 마케터, 퍼포먼스 마케터, 콘텐츠 마케터, CRM(Customer Relationship Management) 마케터, 그로스(growth) 마케터 등으로 점차 세분화되는 추세다. 마케터는 브랜드를 키워가는 일을 하는 직무이다 보니, 비즈니스의 니즈에 따라 새로운 역할이 필요해지면 그 역할에 맞는 이름을 붙여 새로운 마케터의 영역이 만들어진다.

이러한 특징은 '도대체 어떤 마케터가 되어야 하는가?'라는 질문으로 이어진다. 내가 마케터가 되기로 마음먹은 후 어려웠던 것 중 하나 역시 이 질문에 대한 답을 찾는 일이었다. 사람들이 말하는 마케터의 일이 저마다 다르고 마케터의 종류도 다양

마케터의 구분

한 데다, 일반 회사의 마케팅 부서 외에 마케팅 전문 대행사도 있으니 어디서 나의 커리어를 시작해야 내가 하고 싶은 마케팅을 할 수 있는지 갈피를 잡을 수 없었던 것이다.

그런 의미에서 이번에는 마케터의 종류에 대해 구체적으로 정리해보려 한다. 우선, 가장 기본적으로는 '인하우스 마케터'와 '대행사 마케터'로 구분할 수 있다.

인하우스 마케터는 그 이름에서 알 수 있듯 어느 한 곳에 소속된 마케터를 말한다. 삼성전자 마케터, P&G 마케터처럼 한 회사나 브랜드에 속해서 마케팅을 수행하며 자신이 맡은 브랜드를 키워내는 것이 이들에게 주어진 과제다. 자체 상품이나 서비스를 판매하는 브랜드에서 일하는 마케터들은 브랜드 방향성 설정부터 OKR_{Objectives and Key Results}(목표와 성과 지표) 설정, 상품 기획 등 전 과정에 관여하게 된다. 그 상품을 잘 팔기 위해 어느 정도의 광고비를 책정하여 어떤 매체에 어떤 소재의 광고를 내보낼 것인지까지도 그들의 업무 영역이다. 광고 업무 진행 시 대행사와 함께하기도 하는데, 대행사가 매체를 선정하고 광고 소재를 기획하여 제안하면 인하우스 마케터는 이를 컨펌하는 방식으로 협업한다.

이에 비해 대행사 마케터들은 '광고'에 좀 더 전문화되어 있다. 이들의 과제는 광고의 제작과 집행이다. 인하우스 마케터가 제시한 광고비 내에서 최대한 효율적으로 광고를 집행할 수 있는 방법을 고민하고, 매체 선정과 소재 기획, 제작 등을 리드한다. 대행사 마케터는 광고 업무를 중심으로 스페셜리스트처럼 특화된 커리어를 쌓을 수 있고, 자신이 속한 대행사와 거래하는 다양한 브랜드들을 동시에 경험할 수 있다. 여러 브랜드의 광고를 운영하며 전문성을 갖출 수 있다는 것은 대행사 마케터의 장점이다. 하지만 이 브랜드가 왜 이 상품을 지금 출시하는지, 왜

인하우스 마케터와 대행사 마케터의 업무 차이

	브랜드 방향성	목표 설정	상품 기획	판매가 설정	판매 채널 설정	캠페인 기획	프로모션 기획	광고비 계산	매체 선정	광고 소재 기획	광고 효율 분석
A브랜드	A 브랜드의 인하우스 마케터										
B브랜드									대행사 마케터		
C브랜드											

가격대를 이렇게 설정했는지, 몇 개를 팔아야 마진이 남는지 등에 대해서는 파악하기 어렵다.

인하우스 마케터: 특정 브랜드에 소속된 올라운드 플레이어

인하우스와 대행사로 나뉘는 마케터 구분의 큰 틀을 확인했으니, 이제 조금 더 구체적으로 파고들어가보자. 인하우스 마케터는 다양한 업무를 담당하는 만큼 여러 카테고리로 분류할 수 있는데, 여기서는 크게 브랜드 마케터, 퍼포먼스 마케터, 콘텐츠 마케터, CRM 마케터 네 가지를 중심으로 살펴보려 한다.

① 브랜드 마케터

일상에서 '마케터'라고 했을 때 브랜드 마케터를 가리키는 경우가 많다. 브랜드 마케터는 전략 마케터라고도 불리는데, 이들에게 주어진 가장 큰 과제는 '브랜드를 성장시키는 것'이다. 현재 브랜드 마케터로서 일하고 있는 나는 전체 비즈니스 상황을 읽고, 브랜드의 성장에 필요한 일을 찾아 실행하는 일을 한다. 스페셜리스트라기보단 제너럴리스트(여러 분야에 걸쳐 상당한 지식과 경험을 갖춘 사람)에 가깝다. 브랜드 마케터의 JD Job Direction를 보면 그 영역이 매우 광범위하다는 것을 알 수 있다.

브랜드 마케터의 JD

· 브랜드 목표 및 전략 수립

· 통합 브랜드 마케팅 캠페인 기획 및 실행

· 마케팅 채널별 목표 및 전략 수립

· 기획전, 프로모션, 콘텐츠 등의 마케팅 활동 기획 및 운영

· 퍼포먼스 마케팅팀과 연계하여 마케팅 효율과 효과 극대화

· 대행사 운영 관리

만약 마케터에게 '목표 매출 달성'이라는 OKR을 부여하는 브랜드에 소속되어 있다면 다음과 같은 JD도 추가될 것이다.

· 브랜드 목표 매출 리딩

이처럼 회사가 브랜드 마케터에게 기대하는 것은 통통 튀는 아이디어가 아니라 비즈니스 현황을 읽고 무엇이 필요한지 찾아내는 것에 더 가깝다. 따라서 이 아이디어가 비즈니스에 필요한 이유를 설명할 수 있고, 이를 통해 매출을 얼마나 늘릴 수 있는

지 수치적으로 논의할 수 있는 사람을 필요로 한다. 이러한 직무는 프리랜서화하기가 쉽지 않다. 브랜드의 성장을 책임지고, 매달 목표 매출을 달성해야 하므로 프로젝트 단위로 업무를 나누기 어렵기 때문이다.

② 퍼포먼스 마케터

대행사에도 퍼포먼스 마케터가 있지만, 인하우스 소속 퍼포먼스 마케터는 자신이 속한 브랜드의 상황을 더욱 많이 알아야 한다는 점에서 차이가 있다. 브랜드 마케터에 비해 상대적으로 '광고 집행'에 더 집중된 업무를 수행한다. 데이터에 기반해서 어떤 매체를 통해 광고를 집행하는 것이 좋을지, 각 광고 매체를 어떻게 세팅할지(고객 타깃팅, 소재 선정, 광고비 집행 등)에 대해 전문성을 지닌다. 이러한 인하우스 퍼포먼스 마케터의 JD는 다음과 같다.

퍼포먼스 마케터의 JD

· AARRR**에 기반하여 OKR 제시

· 각종 트래킹 툴(GA, 앱스플라이어, 광고 관리자 데이터 등)을 활용하여 데이터 성과 측정 및 인사이트 도출

· 각각의 매체 OKR 설정 및 효율 분석

· SA Search AD (검색 광고), DA Display AD (디스플레이 광고) 운영 및 최적화

· 캠페인 A/B 테스트 통한 가설 수립

나는 첫 직장에서 퍼포먼스 마케터에 해당하는 업무를 맡았다. 지표를 높이려면 광고를 몇 시에 얼마의 비용으로 집행해야 하는지, 네이버 검색 광고 집행 시 키워드의 최대 CPC Cost Per Click (클릭당 비용)를 얼마로 설정할 것인지와 같이 전체 비즈니스를 보되 광고의 효율을 보다 깊이 있게 분석하는 일을 했다. 당시 나는 앨리스테어 크롤과 벤저민 요스코비츠가 집필한 《린 분석》이라는 책을 거의 달달 외우다시피 하며 온종일 GA와 각 매체의 관리자 대시보드를 들여다봤다.

** 벤처투자자 데이브 맥클루어가 만든 성공적인 사업을 구축하기 위한 지표 관리 방법론으로, '해적 지표'라고도 부른다. Acquisition(획득) - Activation(활성화) - Rentention(유지) - Referral(추천) - Revenue(수익)의 5단계로 이루어져 있다.

그렇게 진짜 마케터가 된다

③ 콘텐츠 마케터

콘텐츠 마케터는 브랜드와 고객 사이의 접점에 대해 심도 깊게 고민한다. 브랜드가 전하고자 하는 메시지는 슬로건부터 홈페이지의 상세페이지, 광고 속 카피나 이미지 등을 통해 보여지는데, 콘텐츠 마케터는 이렇게 고객에게 보여지는 콘텐츠에 관한 전문성을 가진다. 자사의 고객들을 고려해 브랜드 메시지를 어떻게 풀어나가는 것이 좋을지 살피고 판단하는 일을 한다. 퍼포먼스 마케터와 비교해보자면, 퍼포먼스 마케터는 마케팅 채널 단위의 세팅에 집중하는 반면 콘텐츠 마케터는 고객이 실제로 보게 되는 광고 배너의 문구, 이미지 등에 더 집중한다. 콘텐츠 마케터의 JD도 알아보자.

콘텐츠 마케터의 JD

· 브랜드 콘텐츠 기획 및 제작

· 광고 데이터에 기반한 마케팅 콘텐츠 방향성 제시

· 상품 상세페이지, 프로모션 이벤트 페이지 기획

· 각 매체별 광고 콘텐츠 기획 및 제작

· SNS 운영 및 관리

· 카피라이팅

· 각종 사진, 영상 촬영 및 편집

④ CRM 마케터

마지막으로 CRM 마케터는 신규 고객의 유치보다는 기존 고객과의 관계에 포커스를 둔다. 재구매를 이끄는 활동들을 리드하는 마케터라고 볼 수 있다. 재구매율이 얼마인지부터, 기존 고객의 재구매 주기, 주로 재구매되는 상품, 고객을 재구매하게 만드는 메시지 등등 고객 행동을 분석하고 그들과 관계를 쌓아가는 일을 한다. CRM 마케터의 JD는 다음과 같다.

CRM 마케터의 JD

· 마케팅 퍼널별 성과 분석 및 지표 개선을 위한 전략 수립 및 액션

· CRM 채널(EDM, SMS, 인앱 메시지 등) 관리

⑤ 기타

이 밖에도 비즈니스 상황에 따라 마케터의 종류는 얼마든지 더 다양해지고 세분화될 수 있다. 예를 들어 상품이 자주 바뀌고 그에 따라 마케팅 활동도 크게 달라지는 브랜드라면 상품 기획 역시 마케팅의 영역이 될 수 있다. 목표 매출을 달성하기 위해 트렌드를 읽어내고, 상품을 기획하고, 가격 구조를 설계하는 일도 마케터의 역할이 될 수 있다는 이야기다.

대행사 마케터: 광고 분야의 스페셜리스트

앞서 설명했다시피, 대행사 마케터는 비즈니스 자체보다 광고 집행에 초점을 둔다는 점에서 인하우스 마케터와 차이가 있다. 또한 비즈니스에 따라 그에 맞는 마케팅 대행사도 달라지는데, 그 종류 역시 다양해지는 추세다. 크게 종합대행사와 퍼포먼스 마케팅을 전문으로 하는 대행사, 콘텐츠나 광고 등 크리에이티브 작업을 전문으로 하는 대행사로 나눌 수 있다. 이때 대행사가 어떤 업무를 맡느냐에 따라 그에 적합한 마케터를 채용한다. 가령 퍼포먼스 마케팅 대행사에서는 기본적으로 퍼포먼스 마케터를 필요로 하되, 클라이언트(인하우스 마케터)가 고객의 유입 이후 전환에 고민이 많다면 이를 다룰 수 있는 CRM 마케터나 그로스 마케터 등을 채용하며 구조를 세분화할 것이다.

대행사 마케터의 장단점은 명확하다. 대행사에서 퍼포먼스 마케터로 일한다면 다양한 비즈니스의 다양한 클라이언트를 경험하면서 광고 분야의 전문성을 쌓을 수 있다. 하지만 한 분야에 특화되는 만큼 비즈니스 전반의 큰 그림을 보는 일에는 상대적으로 약할 수 있다.

지금까지 마케터의 종류를 알아보며 이런저런 특징과 장단점에 대해 알아보았는데, 여기서 중요한 것은 선택의 기회는 여러 번

온다는 사실이다. 때문에 첫 선택에 너무 두려움을 갖지 않았으면 좋겠다. 퍼포먼스 마케터로 일하다가 브랜드 전략을 짜는 데 능력을 발견한다면 브랜드 마케터로 방향을 틀 수 있다. 인하우스 마케터로 일하다 대행사로 옮기기도 하고, 대행사에서 일하다가 인하우스로 가는 경우도 많다. 당장의 선택이 마케터로서의 삶을 결정 짓는 것은 아니다. 그 부담 때문에 시작하길 망설이고 있다면, 조금은 자유로워도 된다고 이야기하고 싶다.

내가 일할 인더스트리는
어떻게 찾아야 할까?

인턴 사원을 채용하던 중에 있었던 일이다. 나는 면접을 마무리할 때 더 궁금한 것이 있는지 묻곤 하는데, 이에 한 지원자가 조심스레 자신의 고민을 털어놓았다. 원하는 직무는 찾은 것 같은데 어떤 인더스트리로 가야 할지 모르겠다는 이야기였다. 그러면서 내게 질문을 했다.

"면접관님은 원래 꽃을 좋아하셨나요?"

아마도 그 지원자는 내가 꽃 정기구독 스타트업인 꾸까에서 일하는 이유가 '꽃을 좋아해서'라고 생각했던 것 같다. 하지만 나는 꽃이 좋아서 꾸까에 온 게 아니다. 면도기가 좋아서 P&G에 다녔던 것도 아니다.

흔히 사람들은 직업을 찾을 때 자신이 좋아하는 것에서부터 시작하라고 말한다. 물론 자신이 좋아하는 분야에서 직업을 찾는 사람들도 많지만, 마케터처럼 여러 인더스트리에 적용할 수 있는 직무를 가진 사람은 단순히 좋다는 이유로 인더스트리를 선택하지 않는다. 그보다는 자신이 가지고 있는 '원칙'을 기준으로 지원하는데, 초년생 때는 이 사실을 모를 수밖에 없고 경험이 부족하니 자신이 좋아하는 것 자체를 잘 모르는 경우가 많다. 그래서 이름을 들어봤다 싶은 회사면 무조건 이력서를 쓰게 된다. 이때 그 회사의 인더스트리에 내가 흥미가 있고 그 브랜드나 상품을 좋아하고 있다는 것을 보여줘야 한다는 생각이 앞서기 때문에 자기소개서 지원 동기 란을 채울 때 해당 인더스트리나 브랜드와 연관된 작은 추억들에 의존하곤 한다. 빙그레의 채용에 지원한 사람들 중 대부분이 지원 동기로 빙그레의 대표 제품인 '바나나맛 우유'와 관련 있는 어린 시절 에피소드를 써낸 탓에 회사 측에서 아예 지원 동기를 묻는 문항 자체를 없애버렸다는 웃픈(?) 괴담까지 있을 정도다.

마케터라는 직무로 진로를 정한 다음 본격적인 취업 전선에 들어섰을 때 내게 가장 큰 고민으로 다가온 것 역시 '내게 딱 맞는 회사를 어떻게 찾지? 어떤 인더스트리에서 커리어를 시작해야 좋을까?'였다. 대학생 때부터 뷰티 블로거로 활동하면서 "나는 무조건 화장품 인더스트리로 갈 거야"라며 화장품에 지대한 관심을 쏟던 친구들이 부러워지는 순간이었다. 화장품 마케터도 재미있을 것 같긴 하지만 그 친구들만큼 흥미를 느낀 것은 아니었기에 어떻게 다들 그런 확신을 가지고 방향을 잡을 수 있는지 대단하다고 생각했다.

원칙을 만들어가는 과정

2장에서 자세히 다루겠지만, 나는 법률 IT 회사에서 마케터 커리어를 시작한 뒤 FMCG를 거쳐 꽃까지 서로 관련이 없어 보이는 인더스트리들을 경험해왔다. 그렇게 직접 경험해보고 나서야 비로소 '본인에게 맞는 인더스트리를 어떻게 찾았느냐'라는 질문에 명확히 답할 수 있게 됐다. 평소 특정 인더스트리를 좋아해서 그곳에서 커리어를 시작하는 사람도 있을 텐데, 내가 현재 속한 인더스트리와 브랜드를 선택한 이유는 '나의 직업 원칙'에 부합했기 때문이다. 업을 찾는 것은 '내가 즐겁게 일할 수 있는 기준'을 끊임없이 만들어가는 과정이다.

다시 인턴 지원자의 질문으로 돌아가보자. '원래 꽃을 좋아하셨나요?'라는 물음에 답하자면, 물론 꽃을 좋아하기는 했다. 하지만 그것이 꾸까에 입사하게 된 전적인 이유는 아니었다. 내가 꾸까로 이직하기로 결정한 기준은 크게 세 가지다.

첫 번째로, 직전 회사였던 P&G는 FMCG 카테고리여서 이미 성숙된 시장이었음에도 불구하고, 회사는 계속해서 성장해야 하니 목표 성장률이 더 높게 요구되는 상황이었다. 하지만 회사의 프로세스가 충분히 고도화되어 새롭게 시도할 수 있는 것이 많지 않은 점이 아쉬웠다. 그래서 상대적으로 덜 성숙한, PLC 기준으로는 도입기에 있는, 다시 말해 내가 해볼 수 있는 것이 많은 스타트업들에 관심을 갖게 됐다.

두 번째로, 데이터를 확인할 수 있는 곳을 원했다. 자체 웹사이트를 가지고 있으면 GA와 같은 트래킹 툴을 통해 모든 마케팅 활동의 효과를 볼 수 있는데, 생필품은 유통사에 대량으로 판매되기 때문에 고객에게 직접 판매하는 채널을 가지고 있지 않아 데이터 접근에 한계가 있다. 따라서 자체 판매 채널을 보유하고 있거나 서비스를 판매하는 인더스트리를 택했다.

세 번째로, 내가 좋아하고 직접 소비할 수 있는 상품을 다루는 곳에서 일하고 싶었다. P&G에서 마지막으로 맡았던 브랜드는 질레트였는데, 남성용 면도기는 내가 일상에서 사용하는 제품이 아니다 보니 고객 행태를 완전히 이해하고 앞서서 생각하기 어려웠다. 때문에 직접 소비자가 되어 구매해보고 즐길 수 있는 인더스트리로 가기로 마음먹었다.

만약 당시에 이와 같은 기준에 부합하는 다른 회사가 있었다면 그곳으로 갔을지도 모른다. 지금의 회사가 아쉽다는 것이 아니라, 단순히 인더스트리의 종류만을 보고 이직한 게 아니라는 의미다. 내가 재미있게 일할 수 있는 회사의 원칙과 기준을 먼저 세운 다음 그에 부합하는 인더스트리와 브랜드를 찾아내고, 그 중에서도 가장 흥미로운 곳을 선택한 것이다. 그렇다면 나는 어떻게 이렇게 확고한 기준을 가질 수 있었을까? 앞서 이야기한 세 가지 기준은 몇 차례의 이직을 겪으며 얻은 산물과도 같다. 회사를 선택하는 기준은 당연히 사람마다 다를 수밖에 없다. 또, 예전의 나와 지금의 내가 다르기에 시기에 따라서도 바뀐다. 때문에 여러 인더스트리를 경험하면서 그곳에서 일하는 나의 모습을 스스로 관찰해보는 것이 제일 확실하다.

문득 일에 대한 가치관을 세우는 일이 연애관을 정립하는 과정과 비슷하다는 생각이 들었다. 연애를 처음 할 때는 경험도, 비교 대상도 없으니 '잘생긴 사람이면 좋겠다' 정도의 누구나 가질 법한 기준만 가지고 시작하는 경우가 많다. 그런데 연애를 한 번 해보고 나면 조금 달라진다. 잘생겼지만 연락이 잘 되지 않고 내 이야기에 관심이 없는 사람을 만나보니 별로였다면 '잘생긴 사람'보다는 '나를 1순위로 두는 사람', '연락이 잘 되는 사람'처럼 내게 맞는 기준들이 추가되는 식이다. 처음에는 추상적이고 남들과 비슷했던 조건들이 경험을 통해 나만의 조건으로 점차 다듬어지고 구체화된다. 사람에 따라 연락이 잘 되지 않는 상황이 문제로 느껴지지 않는다면 '연락'이라는 기준이 추가되지 않을 것이다. 때로는 너무 당연하게 충족되어 중요한 줄 몰랐던 것이 결핍되는 순간 그 중요도가 부각되기도 하고, 한때 정말 중요하다고 여겼던 조건이 시간이 흐르면서 불필요해지기도 한다. 선배들이 종종 건네곤 했던 '나 자신을 알려면 연애를 많이 해봐야 해'라는 조언은 이렇게 끊임없이 기준을 세우고 고치며 현재의 내게 정말 중요한 요소를 찾을 수 있는 유일한 방법이 직접 경험해보는 것이기 때문이 아닐까? 미디어나 친구의 이야기를 통한 간접 경험으로도 분명 기준을 세울 수는 있지만 스스로 겪어보는 것에 비할 바는 아니다. 내 업을 찾는 것, 다시 말해 내게 맞는 직무를 찾고 인더스트리를 찾고 PLC를 찾는 것 역시 이와 크게 다르지 않다.

겉으로 보이는 인더스트리는 중요하지 않다

가장 중요한 것은 비즈니스가 지니는 고유한 특성이다. 경험이 부족한 초년생일수록 겉으로 보이는 인더스트리에 집중하느라 이를 놓치기 쉽다. 가령 꾸까의 경우, '꽃' 그 자체보다는 '이커머스를 통한 꽃 판매' 비즈니스임을 인식하는 것이 더 중요하다. 꽃은 유통기한이 짧으므로 마켓컬리처럼 유통기한이 짧은 상품들을 다루는 이커머스와 브랜드 상황이 비슷하다는 점을 읽어내야 한다.

다른 예로 내가 P&G에서 담당했던 면도기를 생각해보자.

'면도기'라는 제품 자체에 집중하는 것이 아니라, '물건이 소진되어도 사라지지 않는 특성'에 집중해야 한다. 샴푸는 다 쓰면 통이 텅 비어서 고객이 '샴푸가 다 떨어졌으니 새로 사야 한다'라고 인지하고 자연스럽게 쇼핑 리스트에 샴푸를 추가하게 된다. 굳이 구매를 환기시키지 않아도 물건이 소진되면 재구매로 이어지는 카테고리인 것이다. 반면 면도날은 무뎌질 뿐 사라지지는 않기 때문에 고객이 재구매의 필요성을 인지하기 어려운 카테고리다. 따라서 샴푸와 면도날은 둘 다 FMCG 카테고리에 속함에도 샴푸를 판매할 때와 면도날을 판매할 때의 활동은 전혀 다르다. 이처럼 비즈니스에 깔려 있는 특징이 내가 일할 인더스트리의 특징을 더 잘 보여준다.

나는 여러 곳에 지원한 후 기회가 주어진 한 곳에서 먼저 커리어를 시작한 뒤 내게 맞는 조건을 하나씩 만들어가는 방식으로 인더스트리를 선택해왔다. 처음부터 원하는 분야가 명확했다면 더 좋았을 수도 있지만, 경험과 실력이 부족했던 당시의 내게는 그 방법이 최선이고 유일했다. 아직 어설펐던 그때의 나를 만난다면 '쓸데없는 경험은 하나도 없다'라는 말을 꼭 해주고 싶다. 그저 머릿속으로만 이 길이 내게 맞는지 아닌지 몇백 번씩 시뮬레이션을 돌리는 것보다는, 어느 곳이든 들어가서 하루라도 경험해보는 게 낫다고 믿는다. 그렇게 한 걸음씩 나아가다 보면 내가 걷게 된 길들이 어느새 방향성을 갖게 되고, 상대적으로 더 즐거운 직무와 더 행복한 인더스트리가 무엇인지 기준을 갖게 될 것이다.

그렇게 진짜 마케터가 된다

진짜 마케터가
되기 위한 준비

나의 취업 준비 과정을 돌아보면 마케터로서 사회에 첫 발을 내딛는 것이 어렵기만 했다. 특히 가고 싶은 회사들이 마케터를 잘 뽑지 않는 것이 가장 큰 어려움이었다. 마케터를 하고 싶다는 마음만 명확했을 뿐, 어떤 마케터가 되고 싶은지는 막연했기 때문이다. 경험이 없으니 인더스트리를 선택하는 기준도 없고, 그러니 남들 눈에도 좋아 보이는 대기업들만 눈에 들어왔다. 그런데 대기업은 PLC 성숙기에 해당하므로 당연히 마케터 채용 인원이 적을 수밖에 없고, 채용 자체가 이뤄지지 않으니 내가 할 수 있는 것이 없는 답답함이 반복됐던 것이다.

　그 당시 내가 할 수 있었던 것은, 앞에서 언급했듯 100개가 넘는 기업들의 마케터 직무 채용이 열리기만 하면 지원서를 내는 것뿐이었다. 만약 그때의 나에게 조언을 해줄 수 있다면 "마케터가 되고 싶은 건지 대기업 직장인이 되고 싶은 건지 생각해 봐!"라고 할 것 같다. 다시 말해 어디에 집중할지 방점을 찍어야 한다는 것이다. '당연히 대기업에서 마케터로 일하는 게 가장 좋은 것 아닌가?' 하는 생각이 들 수도 있다. 그럴 수 있다면야 물론 좋겠지만, 현실적으로 가능성이 많이 낮다. 대기업에 다니는 것이 목표라면 영업처럼 채용 인원이 더 많은 직무까지 지원 범위를 확장하는 것이 좋고, 마케터로 일하는 것이 목표라면 PLC 도입기 단계의 스타트업들에도 지원해봐야 한다. 나의 경우, 이를 명확히 알지는 못했지만 나름 비슷한 전략을 시도했었다.

전략 1: 일단 '대기업' 취업에 성공하기

첫 번째로 시도한 전략은 우선 취업에 성공하는 것을 목표로 직무의 지원 스콥을 넓히는 것이었다. 마케터 직무의 채용 공고가 뜨면 당연히 지원서를 냈고, 마케팅을 하려면 유통을 경험해봐야 한다는 선배의 이야기를 듣고 유통 관련 직무에도 지원했다. 유통 중에서는 마케터보다 채용 인원이 많으면서 업무의 주도성이 (상대적으로) 높다는 MD 직무에 집중했다. 여기서 나는 한 가지 실수를 범하고 말았다. '유통 경험이 마케팅에 도움이 된다', 'MD는 업무를 주도적으로 이끌 수 있다'라는 조언을 너무 단편적으로 받아들인 것이다. 특정 브랜드의 마케터가 되면 '매출 목표 달성'이라는 OKR은 필수인데, 유통 채널을 이해하고 있으면 이를 다루는 데 도움이 된다. 선배는 그런 관점에서 조언한 것이고, 선배가 말한 유통은 당시 폭발적으로 성장하던 이커머스였을 것이다. MD 직무에 관한 이야기도 마찬가지다. MD라고 해서 무조건 마케터보다 업무의 주도성이 높은 건 아니다. 브랜드나 인더스트리에 따라 다르기 마련인데, 이에 대한 정보를 충분히 확인하지 않았다. 돌이켜보면 '경험자들의 조언을 조금 더 심도 깊게 고민하고 스스로 정보를 더 알아봤으면 좋았을 텐데' 하는 아쉬움이 남는다.

취업 준비를 몇 년씩 할 수는 없으므로, 직무 스콥을 넓혀 지원하는 것은 '취업 완료'라는 측면에서는 좋은 전략이었다. 하지만 '마케터 되기'의 측면에서는 리스크가 있었다. 1년간 취업준비생 생활을 거쳐 드디어 취업에 성공했을 때, 나는 중견 편의점 프랜차이즈사의 MD가 되어 있었다. 조금이라도 빨리 취업에 성공하고 싶다는 생각에 '이 정도면 괜찮겠지' 하며 광범위하게 지원서를 낸 결과, 그동안 한 번도 관심 가져본 적이 없는 편의점 업계에서 일하게 된 것이다. 그 결과는 참 절망적이었다. 애초에 마케터 직무가 아니었던 데다가, 추후 마케터 직무로 옮기기에 유리한 자리도 아니었고, 그나마도 바로 MD로 일하는 것이 아니라 6개월에서 1년가량 매장 경험을 쌓아야 했다. 중견기업의 직장인이 됐을지는 몰라도 마케터는 되지 못했다. 결국 나는 6개월도 채우지 못하고 첫 퇴사를 했다. 그러나 그 짧은 회사 생활에서도 교훈은 있었다. '대기업 직장인과 마케터 중 하나를 선택해야 한다면 나는 곧 죽어도 마케터다!'라는 깨달음을 얻은 것이다.

전략 2: 규모가 작아도 '마케터'로 커리어 시작하기

쓰라린 첫 퇴사의 경험을 뒤로하고, 나는 전략 수정에 들어갔다. 마케터라는 직무에 집중하기로 마음먹자, 두 가지 선택지가 생겼다. 대기업 마케터에만 도전하는 것과 지원할 기업의 범위를 넓히는 것. 나는 작은 곳이어도 들어가서 마케터로서 커리어를 시작하고 실력을 쌓는 쪽을 택했다. 직전에 다녔던 중견의 유통사는 나름 연봉 조건도 좋고 회사의 네임밸류도 괜찮았던 터라 스타트업으로 이직하겠다는 나의 선택을 모두들 말렸다. 아직 기반이 튼튼하지 않은 스타트업에 들어갔다가 그곳이 망하기라도 하면 오히려 커리어가 꼬일 수도 있다는 지인들의 말도 일리는 있었지만, 나는 결심한 것이니 밀어붙여보기로 했다. 다행히도 그렇게 입사한 스타트업에서 훌륭한 사수를 만났고 퍼포먼스 마케터로서 좋은 경험과 실력을 쌓을 수 있었으며, 이 경력을 바탕으로 '마케팅 사관학교'라고 불리는 P&G에 이직할 수 있었다. 이처럼 처음부터 원하는 회사에 입사하기 어려울 때 다른 곳

에서 경험을 쌓으며 그 회사에 입사하기 위한 능력을 갖추는 것
도 괜찮다. 하지만 여기에도 리스크가 따르기는 한다. 이에 관해
서는 2장에서 자세히 다뤄볼 예정이다.

이렇듯 마케터가 되고 싶다고 생각한 이후 실제로 마케터로 일
하게 되기까지는 몇 년의 시간이 걸렸고, 그 과정에서 여러 번의
시행착오를 겪어야 했다. 원하는 회사에서 원하는 직무로 바로
커리어를 시작할 수 있다면 너무나 좋을 것이다. 하지만 그렇지
않다고 해도 방법은 있다. 주어진 상황 속에서 선택과 집중을 반
복하며 차곡차곡 커리어를 쌓다 보면 머지않아 목표가 내 눈앞
에 다가와 있을 것이다. 나는 그렇게 마케터가 됐다.

Chapter 2

나와 잘 맞는 회사는
어디에 있나

| 마케터의 커리어패스 |

이직, 나만의 원칙을
만드는 여정

여러 번의 이직을 겪으며 나는 '마케터'라는 직무에 대해 다각도로 살펴볼 수 있었다. 편의점 MD 이후 마케터로서는 3개의 회사를 경험했는데, 그 시작인 로앤컴퍼니는 도입기 단계의 서비스 기반 스타트업이었다. 그다음으로 이직한 곳은 이와 정반대에 있다고 볼 수 있는 성숙기 단계의 제품 기반 기업인 P&G였고, 그 후 둘의 중간 지점에 있는 성장기의 스타트업 꾸까에 다녔다. PLC와 인더스트리를 기준으로 이 회사들을 나눠 사분면에 나타내보았다.

전혀 다른 인더스트리와 PLC에 놓인 브랜드들을 경험하면서 내가 무엇을 좋아하고 잘하는 사람인지, 내게 맞는 브랜드의 특징은 무엇인지 알 수 있었고, 그 결과 나만의 이직 기준도 세울 수 있었다. 마케터로 처음 일을 시작할 때만 해도 마케터가

그렇게 진짜 마케터가 된다

나의 마케팅 커리어 사분면

	제품	서비스
도입기		LAWTALK
	KUkka	
성숙기	P&G	

되고 싶다는 것 외에 어떤 브랜드에서 어떤 일을 하고 싶은지에 대한 기준이 없었다. 막연히 '대기업처럼 남들이 보기에도 좋아 보이는 회사면 좋겠다' 정도만 생각했을 뿐이었다. 경험 없이 머릿속으로 상상하는 것만으로는 구체적인 기준을 세우기가 쉽지 않았다. 나의 기준 목록은 한 번에 완성된 것이 아니라, 각각의 이직을 거칠 때마다 하나씩 추가되며 지금도 계속 업데이트되는 중이다. 다양한 성격의 회사들을 경험하면서 지난 회사에서의 아쉬운 것들을 보완하고, 내가 생각했던 나와 실제 업무에서의 나 사이의 간극을 좁히고, 내가 상상하던 일과 실제 현장의 일 사이의 간격도 조율할 수 있었다. 그 결과 일하고 싶은 브랜드를 선택하는 나만의 '원칙'이 만들어졌다. 3개의 회사를 거치며 어떤 경험을 했고, 그것이 나만의 원칙을 세우는 데 어떤 영향을 주었는지 이야기해보려 한다.

1. 로앤컴퍼니: 마케터로서의 첫 단추

마케터로서 내 커리어의 시작은 법률 IT 스타트업인 로앤컴퍼니에서였다. 소속된 회사 또는 브랜드의 인더스트리나 PLC에 따라 마케터의 일이 달라진다는 것을 몰랐던 때라, 평소 관심 있던 분야인 법과 마케팅을 접목할 수 있다는 이유로 '로톡'이라는 브랜드를 선택하게 됐다. 로톡은 변호사외 의뢰인을 연결하는 플랫폼인데, 나는 의뢰인을 로톡으로 유입시키는 역할을 맡았다. 당시는 네이버의 지식인처럼 법률 관련 문제를 겪는 사람이 로톡 내에 상담글을 남기면 변호사가 무료로 답변을 남기는 서비스가 시작된 시점이었다(지금은 전화 상담, 방문 상담 등의 서비스가 더 추가됐다).

로톡에서 일하면서 마케팅 수업에서 배웠던 타깃 고객군을 정하는 STP 파트는 말 그대로 교과서 속의 프레임일 뿐임을 알게 됐다. 교과서에서는 연령, 성별, 지역 등으로 고객을 나누고 우리의 고객이 될 수 있는 그룹을 타기팅하는 법이 나와 있었는데, 법률 문제를 다루는 브랜드의 고객은 이런 방식으로 나눌 수 없었기 때문이다. 연령이나 성별, 지역 등에 상관없이 누구나 법률 문제를 겪을 수 있으므로 모두가 우리의 타깃이 될 수 있지만, 동시에 '현재' 법률 문제를 겪고 있어야만 우리의 고객이 될 수 있었다. '여기 로톡이라는 멋진 서비스가 있습니다'처럼 인지도를 높이려는 광고나 '법률 상담 필요하지 않나요?'와 같이 니즈를 일깨우는 광고를 한다고 해도, 지금 법률 문제를 겪는 사람이 아니라면 이 메시지에 반응하지 않는다는 뜻이다. 마케팅으로 없는 법률 문제를 만들어낼 수는 없지 않은가. 그렇다 보니 타깃을 특정해서 그 타깃이 있을 만한 채널을 찾는 것부터 난항이었다.

마침내 답을 찾은 곳은 국내 최대 포털사이트인 네이버였다. 우리는 네이버에서 법률 문제를 검색하는 사람들을 타깃으로 삼기로 했다. 대학에서 배운 데모 타입의 타기팅이 아닌, 고객의 액션에 맞춘 마케팅 채널 단위의 타기팅을 함으로써 시장의 특성을 이해하고 고객의 행동에 집중할 수 있었다. 먼저 네이버에서 법률 문제를 검색한 사람을 로톡으로 유입시키는 것이 가장 전환 가능성이 높다는 것을 확인한 다음, GA를 활용하여 수치적으로 마케팅 활동을 계획할 수 있었다. 이를테면 네이버에서 '이혼'이라는 키워드를 검색해 로톡으로 유입된 고객들 중 변호사 연결까지 이어지는 전환율을 계산해서 '이혼'이라는 네이버 검색 광고 키워드의 최대 CPC를 얼마로 설정할지 가늠하는 식으로 말이다.

고민의 시작, '나는 과연 마케터일까?'

GA를 활용해 퍼포먼스 마케팅을 하는 것은 내게 많은 도움이 됐다. 하지만 '마케터' 하면 떠오르는, 대중을 대상으로 브랜드의 '인지도'를 쌓기 위한 광고를 하지 못하는 아쉬움이 있었다. 나아가 '브랜딩'은 어떻게 하는 것에 대한 궁금증도 점점 커져갔다. 그렇게 이직을 고민하게 됐다.

주니어 마케터들이 흔히 착각하는 것처럼 당시에는 나 또한 마케터를 '브랜드를 알리는 광고를 만드는 사람'과 같은 좁은 의미로만 이해하고 있었다. 지금이야 그렇지 않다는 걸 알지만, 어쨌든 그때는 그런 일을 해야 마케터라고 생각했다. 그래서 대형 광고를 집행할 수 있는 규모이면서 고객의 니즈를 일깨울(니즈 인식$_{needs\ recognition}$) 수 있는 인더스트리에 해당하고 브랜드를 고객에게 인지시키는 일련의 과정을 경험할 수 있는 회사에 가야겠다고 마음먹었다. 그렇게 첫 번째 기준을 세웠다.

≡ 인더스트리

· 고객의 니즈를 일깨우는 마케팅 활동을 할 수 있어야 한다. 해당 브랜드를 구매하고 싶어지도록 메시지를 개발하고, 그 메시지에 고객이 반응하는 인더스트리여야 한다.

· 브랜딩에 대한 러닝$_{learning}$이 많은 회사면 좋겠다.

그렇게 진짜 마케터가 된다

2. P&G: 마케팅의 정의를 배우다

첫 번째 기준을 세우고 보니 '마케팅 사관학교'라고 불리는 P&G가 유일한 선택지처럼 느껴졌다. 니즈 인식이 쉬운 FMCG 카테고리였고, 광고비를 많이 집행하는 회사들 중 하나였으며, 생필품이다 보니 상품만 보면 경쟁사와 특별한 차이가 없을 수도 있는데 마케팅을 통해 차별점을 만들어내는 곳이었기 때문이다. 마침 P&G에서도 이커머스 채널의 대단한 성장세에 발맞춰 퍼포먼스 마케팅을 다룰 수 있는 사람을 찾고 있었다.

브랜딩을 배우고 싶어서 P&G에 갔지만 그곳에서 나는 보다 근본적인 것을 배울 수 있었다. 바로 마케터의 정의와 비즈니스 매니지먼트 능력이다. P&G에서 들었던 말 중 가장 기억에 남는 건 "마케팅하고 싶으면 대행사에 가고, 비즈니스 매니지먼트를 하고 싶으면 여기에 남아라"라는 말이다. 많은 사람들이 '마케터' 하면 '광고 만드는 사람'을 떠올리지만 그렇지 않다. 마케터는 비즈니스의 현재 상황As is을 이해하고, 원하는 목표To be를 그린 후, 그 과정에 필요한 모든 것What needs to be true을 계획하고 실행하는, 다시 말해 비즈니스를 매니지먼트하는 사람이다.

본격적으로 비즈니스 매니지먼트의 영역을 경험하면서 나의 업무를 대하는 관점 자체가 달라졌다. '마케터는 기발한 아이디어로 광고를 집행하는 사람'이라고 생각하던 대학생은 더 이상 존재하지 않았다. '지금 비즈니스 상황에서 왜 이 신제품을 출시해야만 하는가?', '현 상황에서 이 신제품의 역할은 무엇인가?', '이 신제품에는 광고가 필요한가? 그렇다면 얼마를 투자해야 적정한가?', '광고에서는 무엇을 보여줘야 하는가?' 등등의 고민들이 내 업무를 이루었다. 광고는 전체 업무의 10%도 차지하지 않았다. 광고를 집행할 때는 광고의 목적과 전달해야 할 커뮤니케이션 메시지, 석성 집행 금액 등을 명확히 가이드히여 대행사에 공유하면, 이에 맞춰 대행사가 아이디어를 가져오는 방식으로 진행했다.

그렇게 나는 3년 동안 P&G에서 비즈니스 매니지먼트를 익혔다. 워낙 판매 상품의 종류가 많고 유통 채널도 다양하다 보니 (마트, 편의점, 이커머스 등 다양한 채널 카테고리가 있었고, 각 채널 내에도 여러 커스터머가 존재했다) 채널 간의 전략을 세우고, 채널 간 충돌과 같은 이슈들을 고려하여 전체 프레임을 구축하고, 그것을 활용해 일하는 법을 배울 수 있었다. 비즈니스를 리딩하면서 목표 매출과 같이 목표 숫자를 만들어 브랜드를 키워나가는 것이 무척 재미있었다. 이를 통해 '마케터가 비즈니스를 리드할 수 있는 곳'이라는 기준이 추가됐다.

이 기준이 생기는 순간, 나는 비즈니스를 리드하지 않는 대행사나 컨설팅 회사에는 갈 수 없게 됐다. 대행사에서는 다양한 브랜드의 마케팅 활동에 관여할 수 있지만 브랜드를 리드할 수는

그렇게 진짜 마케터가 된다

없기 때문이다. 수주한 업체의 마케터가 비즈니스 이슈를 정의해서 전달하면, 대행사는 그 해결 방법만 제시하고 어떤 방안이 선택됐는지는 알기 어려운 경우가 많다. 광고처럼 마케터의 업무 중 끝단(광고 소재를 만들거나 광고를 세팅하는 등)만 담당하는 대행사는 나의 성향에 맞지 않았다. 이 연장선상에서, 대행사가 아닌 다른 브랜드의 마케터로 이직하더라도 업무의 스콥이 넓고 메인 롤을 수행해야 한다는 기준도 만들어졌다.

경험이 쌓이면서 더욱 구체화된 고민들

P&G에서 배운 것이 참 많았지만 자체 몰이 없어 DAU_{Daily Active User}, 마케팅 채널별 트래픽, 전환율 등의 정보를 알 수 없었다. 때문에 마케팅 계획과 운영이 덜 촘촘할 수밖에 없었다. 예를 들어 내년 목표가 '올해 대비 10% 성장'이라면 광고를 통한 유입 트래픽도 10% 증가해야 하니 이에 맞춰 광고 비용도 늘리는 것이 최선이었다. 자연 유입으로 발생한 트래픽과 실수로 배너를 클릭해서 유입된 트래픽은 질적으로 다른데 각 채널별 트래픽을 모른 채 그 총합만 확인해야 하는 것이 답답했다. 로앤컴퍼니에서는 당연히 충족되던 것이라 그 소중함을 몰랐던 부분이었다. 그래서 '제품을 판매할 경우 자체 몰을 가지고 있을 것'이라는 기준이 생겼다.

그리고 생필품 시장은 이미 성숙되어 시장의 사이즈 자체에 큰 변화를 도모하기 어렵다. 결국 경쟁사와 '땅따먹기'식의 게임을 해야 하는 것인데, 이런 상황에서 회사의 시스템이 너무 완벽히 자리 잡혀 있는 상태라 할 수 있는 액션이 제한적인 경우가 많았다. 고객이 우리 제품의 가격대가 높아 가성비가 좋지 않다고 생각한다고 가정해보자. 이를 해결하기 위해 사은품을 추가해 보완하려 해도 회사의 체계에 따라 사은품 제약 조건을 하나하나 따시다 보면 최종 컨펌까지 최소 6개월씩 걸리곤 했다. 그러는 사이 경쟁사는 더욱 빠르게 더욱 저렴한 상품을 출시해 해당 제품의 카테고리 자체를 뒤흔들었다. 이런 상황이 여러 번 반복되자 자연스레 '성장 가능성이 있는 시장, 완벽하지는 않지만 내가 만들어갈 수 있는 회사 시스템'을 원하게 됐다.

퇴사 전 2년여 동안에는 면도기 브랜드 '질레트'를 담당했다. 질레트의 주력 제품은 남성용 면도기인데, 내가 브랜드의 소비자가 아니다 보니 소비자의 행동을 완전히 이해하기가 어려웠다. 소비자 행동을 정확히 분석하고 예측할 수 없으니 마케팅 활동을 진행하는 데 있어 상대적으로 흥미가 떨어졌다. 이를 통해 '내가 고객이 될 수 있는 브랜드'라는 기준도 추가됐다.

그렇게 3년 정도 큰 브랜드들을 리드해보면서 조금 더 넓은 시야를 가질 수 있었는데, 그러자 새로운 고민이 하나 따라왔다. 이는 마케터가 아닌 '직장인'으로서의 고민이었다. 과거와는 달리 이제는 '평생 직장'이 없다. 그렇다면 나 역시 언젠가는 독립해서 '나의 일', '나의 브랜드'를 운영하게 될 것이다. 그때는 몇십억의 광고비를 매달 집행할 일이 흔치 않을 것이고 다른 부서의 서포트 없이 스스로 모든 일을 컨트롤해야 할 확률이 높다. 그런데 지금 하는 일이 내가 홀로 살아남는 데 도움이 될까? 여기까지 고민이 이어지자 더 늦기 전에 신생 브랜드를 성장시키는 경험을 쌓는 것이 좋겠다는 생각이 들었다. 그렇게 두 번째 이직을 결심했다. P&G에서 퇴사할 무렵 나의 이직 기준 목록은 다음과 같이 업데이트됐다.

직무

· 마케터가 비즈니스 리더가 되어 일해야 한다.

· 마케터가 회사 내에서 주요한 롤을 수행해야 한다.

인더스트리

· 마케터가 비즈니스를 리드하지 않는 대행사나 컨설팅 회사는 제외한다.

· 고객의 니즈를 일깨우는 마케팅 활동을 할 수 있어야 한다. 해당 브랜드를 구매하고 싶어지도록 메시지를 개발하고, 그 메시지에 고객이 반응하는 인더스트리여야 한다.

· 데이터를 활용하여 마케팅할 수 있도록, 서비스를 판매하는 인더스트리여야 하고 제품을 판매한다면 자체 몰을 가지고 있어야 한다.

≡ PLC

· 시장의 성장 가능성이 충분해야 한다. 도입기나 성장기에 속하면 좋겠다.

· 회사의 시스템이 완벽하지 않더라도 내가 만들어나갈 수 있는 곳으로 가야겠다.

3. 꾸까: 치밀하게 준비한 새로운 도전

마케터로서 두 번째 이직을 앞두고 나는 마케터를 채용하는 도입기(또는 성장기)의 브랜드 중 고객으로서 좋아하는 곳들을 쭉 정리해보았다. 그리고 시장의 성장 가능성, 자체 몰 유무 등 기준들을 하나씩 꼽아가며 필터링했다. 그 결과 '꽃의 일상화'라는 비전을 바탕으로 화훼업계의 변화를 도모하는 꽃 스타트업 '꾸까'에 입사하게 됐다. 이직 후 '2년 연속 매년 50% 성장'이라는 성과를 거두었다. 이는 이전의 경험만으로 이룬 것은 아니다. 새로운 브랜드, 새로운 제품, 새로운 시스템을 다루며 예전에는 미처 몰랐던 것들을 많이 배웠다.

'꽃'이라는 제품을 다루면서 배운 것

꽃은 '생물'이라서 오랜 기간 재고로 둘 수 없다는 특징이 있다. 또한 아직까지 '선물'로서의 개념이 크기 때문에 어버이날이나 크리스마스처럼 고객의 수요가 몰리는 시기가 명확하며 고객이 제품을 받는 날짜, 즉 수령일을 지키는 것이 무척 중요하다. 유통기한이 짧아서 큰 이벤트가 있어도 제품을 미리 만들어서 쌓아뒀다가 대량 판매하는 것이 불가능하고, 오늘의 목표 매출을 달성했더라도 오늘까지 무조건 판매해야 하는 품목이 다 팔리지 않아 폐기해야 할 때도 있다. 이런 상황들은 '꽃'을 제품으로 다뤄보지 않았으면 알 수 없었을 문제였다. 변수가 많아 비즈니스 난이도가 높았지만, 다행히 이러한 특징들이 어렵게 느껴지지는 않았다. 그래서 '상품의 유통기한이 길 것'과 같은 이직의 기준은 추가되지 않았다. 유통기한이 짧고 품목이 다양하며 이벤트가 많다 보니 마케팅을 다채롭게 시도할 수 있고, 그 결과가 매출에 즉각적으로 반영된다는 점에서 큰 재미를 느꼈다. 다만 배송 과정에서 예상치 못하게 제품의 퀄리티가 나빠지는 경우가 간혹 있어 '고객에게 퀄리티를 무조건 보장할 수 있는 상품', '자체적인 물류 시스템을 갖춘 브랜드' 등의 기준이 생겼다.

이렇게 마케터로서 서로 다른 특징을 지니는 회사 세 곳을 거치며 마련된 나의 이직 기준의 최신판은 다음과 같다.

≡ 직무

· 마케터가 비즈니스 리더가 되어 일해야 한다.

· 마케터가 회사 내에서 주요한 롤을 수행해야 한다.

≡ 인더스트리

· 마케터가 비즈니스를 리드하지 않는 대행사나 컨설팅 회사는 제외한다.

· 매출액을 신장시키는 과정에서 재미를 느끼므로, 마케터가 매출을 리드해야 한다.

· 고객의 니즈를 일깨우는 마케팅 활동을 할 수 있어야 한다. 해당 브랜드를 구매하고 싶어지도록 메시지를 개발하고, 그 메시지에 고객이 반응하는 인더스트리여야 한다.

· 데이터를 활용하여 마케팅할 수 있도록, 서비스를 판매하는 인더스트리여야 하고 제품을 판매한다면 자체 몰을 가지고 있어야 한다.

· 내가 고객이 될 수 있는 브랜드여야 한다.

· 퀄리티가 무조건 보장되는 상품을 판매해야 한다.

· 자체 물류 시스템을 갖춘 회사면 좋겠다.

≡ PLC

· 시장의 성장 가능성이 충분해야 한다. 도입기나 성장기에 속하면 좋겠다.

· 도입기의 브랜드에서는 대표의 의사결정이 큰 영향을 미치므로, 대표

가 원칙을 가지고 일하는 사람이면 좋겠다.

· 회사의 시스템이 완벽하지 않더라도 내가 만들어나갈 수 있는 곳으로 가야겠다.

지금까지 나의 이직 과정과 기준에 대해 상당히 구체적으로 다룬 건 마케터는 브랜드의 상황에 따라 전혀 다른 일을 하게 되는 직무라는 것을 이야기하고 싶어서다. 때문에 수시로 스스로를 살펴보며 어떤 일을 잘하고, 어떤 일에 흥미를 느끼는지 알아가야 한다. 사람에 따라 잘 맞는 회사, 잘 맞는 브랜드, 잘 맞는 일은 모두 다르다. 이 글을 읽는 여러분도 자신을 돌아보며 어떤 커리어를 그리고 있는지, 그 과정에서 내가 즐겁게 일할 수 있는 곳의 '원칙'을 만들어나가고 있는지 점검해보면 좋겠다.

'이게 옳은 선택일까?'
고민하고 있다면

앞서 이야기했듯 나는 이직을 통해 얻은 게 참 많다. 그만큼 확신을 가지고 회사를 옮긴 것 같아 보이지만, 나 역시 이직을 마음먹고 나면 '이게 옳은 선택일까?' 고민하며 밤새 뒤척이기 일쑤였다. 지금 이직을 고민하는 사람들, 그중에서도 대기업에서 스타트업으로의 이직처럼 보다 큰 용기를 필요로 하는 사람들이 있다면 이 글이 도움이 될 것 같다.

나는 첫 직장에서 편의점 MD로 일한 지 6개월도 되지 않아 이직을 고민하기 시작했다. 그 당시 내가 다니던 회사는 절대 망할 리 없는 안정적인 곳이었지만 내 적성과 맞지 않았다. 특히 조직 특성상 개인이 회사 시스템의 일부가 되어야 하는 것이 힘들었다. 퇴사를 고민하던 중 로앤컴퍼니에서 이직 제안을 받았다. 이름을 대면 누구나 알 만한 인지도에 연봉이 보장된 안정적

그렇게 진짜 마케터가 된다

인 회사를 나와 재미는 있어 보이지만 아직 기반이 불완전해 언제 없어질지 모를 곳으로 가는 것이 과연 옳은 선택인가에 대한 고민 속에서 몇 날 며칠 밤을 지새웠다. 감수해야 하는 리스크와 새로운 곳에 대한 열망 사이에서 정답이 없는 질문만 계속 던지던 시간이었다. 선택으로 얻게 될 이득과 손해를 나열해놓고 비교해봐도 각각의 장단점이 너무 명확해서 머리만 아팠다. 모든 것을 가정 위에 두고 그려보는 미래는 그저 망상일 뿐이니 말이다. 그런 과정을 여러 번 거치며 자연스레 고민의 시간을 줄이고 조금 더 내게 잘 맞는 답을 찾는 방법과 마음가짐을 터득하게 됐는데, 이를 한번 정리해보려 한다.

죽기 직전의 나라면 어떤 선택을 후회할까?

답을 찾기 어려운 고민을 맞닥뜨렸을 때 가장 먼저 쓰는 방법은 내가 죽기 직전의 할머니가 되어 과거를 되돌아본다고 상상하는 것이다. 당장 5분 뒤에 죽는다고 했을 때, 지금 내가 어떤 선택을 해야 후회하지 않을지를 생각해보면 의외로 명쾌해지는 경우가 많다.

> "아, 그때 그 회사에 갔다면 더 재미있게 일했을 텐데."
> "그때는 위험을 감수하기보다 안전한 쪽을 택할 걸 그랬어."

죽기 직전을 가정하면 주변의 시선, 사회적 위치, 미래에 대한 불안 같은 것을 덜어내고 정말 내가 원하는 것이 무언인지 명확하게 알 수 있다. 사람마다 우선시하는 가치가 다르겠지만, 나의 경우에는 다른 사람의 시선이나 약간의 월급 차이 때문에 원하지 않는 일을 하며 나의 시간을 쏟는 것이 더 아쉽다는 결론에 다다르곤 했다.

옳은 선택은 없다. 옳았다는 것을 증명할 뿐

첫 번째 방법을 써도 결정을 내리기가 망설여지는 때가 있다. 앞서 이야기한 첫 직장과 스타트업 사이의 고민이 그랬다. 만약 스타트업을 선택해서 커리어가 꼬이면 '그때 안정적인 쪽에 남을걸' 하고 후회하고, 이직을 포기했는데 그 스타트업이 승승장구하면 '그때 이직했어야 하는데' 하고 후회할 것 같았기 때문이다. 그런 치열한 고민들을 반복하며 괴로워하던 내게 큰 감명을 준 문장이 하나 있다.

> "옳은 선택은 없는 겁니다.
> 선택을 하고 옳게 만드는 과정이 있을 뿐입니다."
>
> – 박웅현, 《여덟 단어》, 북하우스, 2013.

그렇게 진짜 마케터가 된다

이 문장을 접한 이후 고민을 대하는 나의 자세가 조금 달라졌다. 어떤 선택을 하든 득과 실이 분명하고 그로 인해 내 인생의 결과가 달라질 것이라는 생각이 들 때면, 갈팡질팡하며 시간을 허비하는 대신 '지금 나의 선택이 옳은 선택이라는 걸 보여주겠다'라고 다짐하게 된 것이다. 결국 나는 이 문장을 믿고 첫 번째 이직을 결정했다.

물론, 여러 고민을 거듭하고 옳은 선택으로 만들겠고 다짐을 하더라도 예상과는 다르게 흘러가는 상황 속에 후회하게 될 때도 있다. 하지만 한 번의 선택으로 모든 것이 끝나지는 않는다. 만에 하나 잘못된 선택을 하더라도 바로잡을 기회를 스스로 만들어내면 된다. 이직을 고려한다면 자신의 커리어 방향성에 대해 계속 고민하던 사람일 것이고, 그 경험은 자신의 안에 쌓이기 마련이다. 때문에 이직 후에도 이를 동력 삼아 다른 기회를 찾을 수 있다. 그러니 옳은 선택인지를 묻기보다는 '나는 옳지 못한 선택을 바로잡을 수 있는 사람인가?'를 물어야 한다. 사실, 더 나은 커리어와 삶을 위해 고민하고 노력한다는 것 자체가 이미 그런 사람임을 보여주는 반증이라 생각한다.

실제로 나는 밤잠을 설치며 고민한 끝에 스타트업행을 택했지만, 이직 당시에는 생각하지 못했던 변수로 인해 1년 만에 다시 이직하게 됐다. 중견기업에서 스타트업으로 옮긴 것도, 그 스타트업에서 다시 외국계 기업으로 옮긴 것도 내 상상의 범주에 없던 일이었다. 하지만 지금 돌이켜보면 그때 스타트업으로 옮겨 마케터로서의 커리어를 쌓기 시작한 것은 정말 '옳은 선택'이었다.

세상에 완벽한 파랑새는 존재하지 않는다

첫 이직일수록 이직에 대한 환상이 크기 마련이다. 모든 것이 내게 딱 맞는, 이상적인 직장을 꿈꾸고 큰 결심을 했을 테지만 안타깝게도 세상에 그런 직장은 존재하지 않는다. 내가 이직하길 열망하는 자리는 누군가가 퇴사한 자리다. 즉, 그 회사도 누군가 문제를 느끼고 떠난 조직이라는 이야기다. 이를 인지하는 것은 생각보다 매우 중요하다. 완벽을 꿈꾸며 이직을 계획하는 사람들은 조금이라도 자신의 기대와 다른 부분이 보이면 다른 장점이 있더라도 후보군에서 제외하는 경우가 많다.

완벽한 파랑새는 없다. 그 순간 최선의 선택이 언젠가 길이 된다고 믿고, 자신의 선택을 밀고 가는 것도 때로는 필요하다. 이직은 한 번으로 끝나는 것이 아니라 계속 거듭해야 하는 것이다. 나아가 그 과정이 단순히 연봉을 높이거나 보다 인지도 높은 회사에 다니기 위한 것이 아니라 나 자신을 잘 알기 위한 것임을 꼭 알았으면 한다.

그렇게 진짜 마케터가 된다

이직해야 할 때를
아는 법

지금까지 이직할 '회사'에 대해 이야기했다면, 이번에는 이직할 '시기'를 파악하는 기준에 대해 다뤄보려 한다. 사람들은 보통 힘들거나 결핍을 느낄 때 이직을 떠올린다. 하지만 이렇게 한계에 이르러 이직을 원하게 되는 경우 말고도 이직을 해야 하는 때가 있다. 이를 조금 더 빠르게 알아챌 수 있다면 보다 똑똑하게 커리어를 설계해나갈 수 있지 않을까? 그렇다면 마케터가 무조건 이직해야 하는 시기는 언제일까?

이직의 대전제는 '업'에 대한 나의 가치관

이직의 시기를 따지려면 자신이 '업'에 있어 무엇을 가장 중요하게 여기는지부터 알아야 한다. 성장, 안정, 연봉, 워라밸 등 업을 대할 때 우선하는 가치는 사람마다 다르다. 내가 가장 우선시하는 것은 성장인데, 처음부터 이를 알았던 것은 아니다. 여러 회사를 거치고 사회생활 경험을 쌓다 보니 나는 성장이란 가치가 충족되지 않을 때 가장 견디기 힘든 사람이라는 것을 깨달았다. 편의점 MD 시절에는 정말 안정적이었다. 특별한 문제가 없는 한 꾸준히 다니며 차근차근 진급해나가면 되는 곳이었는데, 나는 오히려 내 삶이 이미 다 정해져버린 것 같아 답답했고 내가 하고 싶은 일을 개척하면서 성장하고 싶다는 갈망이 컸다.

첫 이직 후 내게는 습관이 하나 생겼다. '어제의 나보다 오늘의 내가 성장했는가?'라고 스스로에게 주기적으로 질문하는 것이다. 그리고 이 질문에 '그렇지 않다'라고 답하게 되면 이직을 결심했다. 다시 말해, 지금 이 회사에서 새롭게 할 수 있는 것이 없어 이력서에 추가할 것이 없다고 느낄 때였다. 그런데 그럴 때는 회사생활이 편해서 겉으로는 아무 문제가 없는 것처럼 보이기도 한다. 때문에 자신의 상태를 계속 체크해야 이직의 타이밍을 놓치지 않을 수 있다.

① 이력서에 새롭게 추가할 것이 없을 때

내 상태를 스스로 파악하는 데 기록만큼 좋은 것도 없다. 나는 다이어리에 매일 그날그날의 업무 중 인상적이거나 기억해둬야 하는 것들을 적었고, 분기 단위로 이력서를 업데이트하며 회사에서 무언가를 새롭게 배우거나 시도하고 있는지 확인했다. 그러다 이력서에 추가하려는 내용이 3개월 전과 별 차이가 없으면 이직을 준비했다. 마케터는 이 일을 '왜' 하는지 끊임없이 고민하고, 남들과 '다르게' 잘 해내는 방법을 찾는 사람인데, 3개월 동안 이력서에 추가할 새로운 이슈가 없다는 건 그냥 하던 일을 반복하고 있다는 의미이기 때문이다. 고민 없이 관성적으로 하던 일만 계속한다면 그 사람은 마케터가 아닌 오퍼레이터다. 그래서 나는 일이 손에 익어서 편해지는 상황을 의도적으로 피한다. 그런 면에서 이력서는 해본 적 없는 일에 도전하며 업무의 스콥을 넓히고 있는지, 기존의 일을 더 깊이 파고들 기회가 있는지 확인하는 일종의 업무생활기록부인 셈이다.

하지만 일이 반복된다고 생각된다고 바로 이직을 결정하지 말고 그 상황을 제대로 진단해야 한다. 자신의 기준점을 높이면서 해야 할 일들을 찾아낼 수도 있는 상황인데 이직을 고민하고 있는 것은 아닌지, 그래서 내가 할 수 있는 모든 것을 했는지 스스로 물어볼 필요가 있다. 사회초년생일수록 회사에서 느끼는 아쉬움이 다니는 회사의 특성 때문인지 아니면 자신의 업무능력 부족 때문인지 잘 구분해야 한다. 만약 인더스트리나 기업 라이프사이클 등 회사 차원의 문제라면 그건 개인이 해결할 수 없으므로 이직할 이유가 맞다. 하지만 자신의 업무능력이 부족한 것이라면 그것은 이직할 이유가 아닌 더 열심히 일할 이유다.

② 이 회사에서 미련 없이 떠날 수 있을 때

내가 이직을 위해 면접을 볼 때면 면접관들이 꼭 하던 질문이
있다.

"왜 이직하려고 하시나요?"

"그 문제를 해결하기 위해 무엇을 했나요?"

주니어 시절에는 단순히 문제해결능력을 확인하려는 질문이라
고 생각했는데, 시니어가 되고 보니 한 가지 의도가 더 있었다.
상대가 문제를 느끼자마자 조직을 바로 떠나는 사람인지, 아니
면 해결하기 위해 최선을 다하는 사람인지 알아보려는 것이다.
이 질문은 이직을 결정하기에 앞서 자신에게 던져봐야 하는 것
이기도 하다. 내가 '할 수 있는 모든 것을 시도해볼 것'을 강조하
는 이유는 그래야만 후회도 미련도 남지 않기 때문이다. 또한 이
직한 새 회사에서 같은 상황이 벌어지지 않으리란 보장도 없다.
그럴 때 문제를 극복하려고 노력해본 경험만으로도 큰 도움이
된다. 과거의 내가 그 회사를 선택한 이유가 분명히 있었을 것이
다. 그 선택에 책임을 지며 그곳에서 해볼 수 있는 모든 것을 해
봤다는 것 자체가 중요하다.

마케터는 브랜드의 상황이 좋을 때 이직해야 한다

'마케터'의 이직 시점에 있어 중요한 것이 하나 더 있다. 마케터는 무조건 자신이 맡은 브랜드의 상황이 좋을 때 이직해야 유리하다. 마케터에게는 브랜드의 상황이 곧 업무능력평가 지표와 같기 때문이다. 다시 말해, 마케터는 현재 담당하고 있는 브랜드의 상황을 좋게 만들어놓고 이직해야 한다.

전문 지식과 기술을 요하는 개발이나 재무 분야에서는 개인의 능력이나 몸값과 브랜드의 비즈니스 상황 사이에 상관관계가 적다. 반면 마케터는 브랜드가 속한 비즈니스 상황을 잘 이해하고 그 안에서 알맞은 판단과 결정으로 브랜드를 더 잘 알리는 일을 하는 사람이라 브랜드와 떼어놓고 볼 수가 없다. 그러니 이직 면접에서 "이직하려는 이유가 무엇입니까?"라는 질문에 "지금 맡고 있는 브랜드 상황이 너무 안 좋아서요"라고 답하는 것은 곧 "제 마케팅 능력이 부족해서요"라고 하는 것과 같다. 당연히 채용에 도움이 될 리 없다.

물론, 예외는 있다. 개별 마케터와는 상관없이 회사의 전체 방향성 자체가 바뀌어 비즈니스 상황이 나빠졌거나, 다양한 시도를 해봤음에도 변화가 어려운 시장에 속해 있는 경우 등이 그렇다. 이런 문제는 마케터의 역량으로 어찌해볼 수 없는 차원의 일이다.

이직을 여러 번 할수록 이직할 회사에 대한 기준이 늘어나 듯이 이직할 시기를 판단하기 위한 질문들도 점점 많아진다. 팀장이 된 후에는 '내가 성장하고 있는가?', '할 수 있는 모든 것을 해봤는가?', '현재 브랜드 상황이 긍정적인가?' 등에 더해서 '내가 떠난 후 남은 팀원들이 자신의 역량과 주장을 온전히 펼칠 수 있는 상황인가?'와 같이 다른 사람들도 염두에 두게 됐다.

컴포트 존comfort zone(심리저 안정감을 느끼는 영역)을 벗어나는 결정이 쉽지는 않다. 시간이 갈수록 고려할 요소도 많아지고 기준도 까다로워진다. 하지만 어려운 결정인 만큼 스스로에게 가장 좋은 방향으로, 현명하고 적극적으로 임하길 바란다. 그렇게 찾아낸 새로운 환경에서는 다양한 사람을 만나며 자신을 성장시킬 기회를 만날 수 있을 것이다.

그렇게 진짜 마케터가 된다

그럼에도 다들 첫 직장이
중요하다고 말하는 이유

워낙 이직이 흔하고 이직을 잘하는 것도 능력이라고 여기는 요즘이지만, 그럼에도 사람들은 첫 직장이 정말 중요하다고 말한다. 그 첫 번째 이유는 '닻 내리기 효과_{anchoring effect}' 때문이다. 이는 배가 어느 한 지점에 닻을 내리고 나면 그 주변을 크게 벗어나지 못하고 맴도는 것처럼 인간이 어떤 판단을 할 때 초기에 접한 정보를 기준으로 삼는 현상을 가리키는 행동경제학 용어다.

사회생활에 있어 첫 직장은 닻과 같은 역할을 한다. 처음 접한 회사의 모습이 단지 그 회사만의 특징이라고 여기기보다 '회사란 이런 거구나' 하고 사회생활 자체의 기준이 되어버린다. 일하는 태도와 강도, 사고방식, 평균 연봉 등 모든 면에서 첫 직장은 하나의 닻이 되어 이를 완전히 뒤집는 전환점이 오지 않는 이상 깨기 어렵다.

내게도 닻이 있다는 걸 깨달았던 순간

편의점 기업에서 스타트업인 로앤컴퍼니로 옮겼을 때는 직무 자체가 달라졌기 때문인지 '닻'의 존재가 느껴지지 않았다. 그러다 다시 P&G로 이직했을 때, 나는 내게도 닻이 있다는 것을 비로소 깨달았다. 스타트업에서 일하며 마케터로서 '일반적'이라고 이해했던 것들이 전부 무너졌기 때문이다. 분명 전 회사에서도 열심히 일했고 나름 잘하고 있다고 생각했는데, 새로운 회사로 와서 그 이상을 해내는 사람들 사이에 속하자 그것이 크나큰 착각임을 알게 됐다. P&G에는 미팅에서 제대로 내 의견을 개진하지 못하면 일을 못하는 사람으로 평가받는 분위기가 조성되어 있었고, 그래서 아무도 강요하지 않아도 제대로 답하기 위해 새벽까지 일하고 공부하는 열정으로 가득했다. 그 모습을 보면서 나 역시 스스로를 극단까지 몰아붙이는 경험을 하고 나서야 이전의 내가 얼마나 안일하게 업무를 대해왔는지 깨달았다. 더불어 P&G는 결과가 있으면 확실하게 보상하는 회사라서 기존에 가지고 있던 '사회초년생의 연봉 평균치'에 대한 기준도 완전히 달라졌다.

이를 단지 '업무 강도가 세졌다'라거나 '연봉이 높아졌다'라는 수준으로 받아들여서는 안 된다. 그런 표면적인 것보다 중요한 포인트는, 내가 P&G에 다니지 않았다면 그 극단값 이전을

그렇게 진짜 마케터가 된다

기준으로 일하며 살아갔을 것이라는 사실이다. 나는 P&G에서 치열하게 일함으로써 나의 닻을 이동시킬 수 있었다. 그런데 만약 내가 기존의 생각을 완전히 깰 수 있는 환경에 뛰어들지 않았다면 스스로 우물 안 개구리였음을 깨달을 수조차 없었을 것이다. 스타트업에 다닌 것을 후회하지는 않지만, 이 지점에서 나는 사람들이 첫 직장이 중요하다고 하는 이유를 이해할 수밖에 없었다.

한 가지 솔직하고 현실적인 이야기를 더해보자면 개인의 의식적 측면에서뿐만 아니라 이직 시장에서 개인을 평가할 때도 첫 회사가 닻 역할을 하는 경우가 많다. P&G처럼 내가 예전에 얼만큼의 연봉을 받았든 회사 내부의 연봉 테이블에 따라 연봉을 책정하는 곳도 있지만, 모든 회사가 그런 것은 아니다. 회사 내의 연봉 체계에서 크게 벗어나지 않는 선에서 구직자의 '희망 연봉'이 중요하게 작용하는 경우가 많다. 그런데 이 희망 연봉이란 대개 '직전 연봉에서 내가 만족할 만큼 몇 %를 인상한 금액'이므로, 결국 첫 회사의 연봉이 시작점이 된다. 실제로 팀장으로서 채용을 진행하면서 연차나 실력, 경험 등이 모두 비슷해 보이는데 구직자가 스스로의 '적정 연봉' 수준을 어떻게 인지하고 있느냐에 따라 연봉이 2배 이상 차이 나는 사례를 본 적도 있다.

배워야 할 때 잘 배우는 것의 필요성

첫 직장이 중요한 두 번째 이유는 '초년생 때만 배울 수 있는 것' 때문이다. 이는 팀장이 되고 난 뒤 더욱 절실하게 느끼고 있는 것이기도 한데, 다양한 사람들과 함께 일하면서 팀 전체를 컨트롤하게 되자 회사에서의 연차는 제법 찼는데 그만큼의 역할을 해내지 못하는 사람들이 눈에 보이기 시작했다. 이는 스타트업에서 두드러지게 나타나는 문제이기도 하다.

사업 초기의 스타트업은 당장 일손이 부족하고 경력직 채용은 쉽지 않아 대학교를 갓 졸업한 이들을 '전환직 인턴'이라는 이름으로 채용하는 경우가 많다. 이들은 시간이 지나 정직원이 되어도 이름만 바뀌었을 뿐 인턴 때 하던 일과 별반 다르지 않은 일들을 한다. 그렇게 인풋이 없는 채로 어느새 회사에서 중요한 보직을 맡게 된다. 그러다 회사가 더 큰 성장을 앞두고 경력직을 대규모로 채용하면 갈등이 발생하는 것이다. 이때 이들은 크게 두 가지 고비를 맞이하는데, 하나는 체계의 필요성에 대한 이해 부족(왜 하던 대로 일하면 안 되지?)이고, 다른 하나는 자신이 일하던 방식의 붕괴(그럼 나는 그동안 뭘 한 거지?)다. 그렇다고 해서 이들을 탓할 수만도 없다. 사업 초기에는 일이 되어간다는 사실 자체가 더 중요했고, 애초에 효과적이고 효율적으로 일하는 방법을 배운 적이 없으니 '주먹구구'식으로라도 일이 되게 만들었을 뿐이다. 여기에 다른 회사에서 트레이닝을 받은 사람이 일하는 방식에 의문을 제기하는 순간 사회생활의 뿌리부터 흔들리고 만다. 스타트업에서 사회생활을 시작했어도 스스로 틀을 구축해가는 사람들도 물론 많다. 하지만 체계가 있는 곳에서 일을 시작해서 업무 순서나 협업 관계 등 초년생으로서 배워야 할 것을 잘 익히는 쪽이 더 수월하다는 것을 부정할 수는 없다.

예를 들어 내게는 비즈니스를 성장시켜갈 때 'Plan(계획을 세우고) - Execution(이를 실행하고) - Review(실행 결과를 리뷰하여 계획에 반영한다)'라는 3단계를 거치는 것이 당연한데, 이런 프로세스 없이 '그냥' 일하던 사람에게 '너와 나의 업무 스타일이 다른 것뿐이다'라는 이야기를 들은 적도 있다. 이는 생각보다 치명적인 문제라서 뒤늦게 프로세스를 익혀보기로 마음먹어도 쉽지 않다. '그냥', '당장 주어진 일이라', '누군가 요청했으므로' 등의 이유로 업무에 접근해온 방식이 이미 몸에 배어버렸기 때문이다. "처음 취업해서 첫 3년 동안 배운 걸로 평생 먹고사는 거야"라는 말이 여기서 나온 걸지도 모르겠다. 체계가 잡힌 곳에서 일하다 덜 잡힌 곳으로 가서 일하긴 쉽지만 그 반대는 어렵다는 말도.

제 첫 직장은 좋은 회사가 아닌데 그럼 저는 망한 건 가요?

첫 직장이 중요한 이유를 읽으며 안색이 어두워진 독자들이 분명 있으리라 생각한다. '내 첫 직장은 좋은 회사가 아닌데, 나는 이미 망한 것 같다'라고 좌절할 수도 있다. 하지만 여기서 한 가지 생각해봐야 할 문제가 있다. '좋은 직장이란 어떤 직장인가?'다. 사람마다 업의 가치관이 다르기 때문에 좋은 직장의 기준도 다를 수밖에 없다. 내가 생각하는 좋은 직장은 '내가 보고 배울 수 있는 좋은 사수가 있는 곳'이다. 회사의 체계가 아직 덜 잡혔더라도 내 주변에 믿고 따를 실력자가 있다면 그 사람을 기준으로 닻을 내리면 되기 때문이다. 스타트업이든 대기업이든 스스로 성장할 수 있는 곳이라는 것이 중요하다.

그럼 회사의 체계가 덜 잡혔고, 좋은 사수도 없다면 어떻게 해야 할까? 그런 경우에도 길은 있다. 사회생활 초반일수록 업무에 있어 스스로 깨달음을 얻기란 쉽지 않은데, 꼭 회사 안에서만 보고 배울 사람을 찾아야 하는 건 아니다. 회사 밖에서 다양한 사람을 많이 만나며 배움의 기회를 찾으면 된다. 마케터 커뮤니티도 있고, SNS 등을 통해 주니어 혹은 시니어 마케터에게 직접 연락해볼 수도 있다. 신입 마케터로서 겪고 있는 고민과 문제를 솔직히 이야기하며 만남을 제안한다면 이를 무작정 불편해하는 사람은 없을 것이다. 그렇게 여러 사람과 교류하며 끊임없이 스스로를 돌아봐야 한다. 내가 어디에 닻을 내리고 있는지, 잘 성장하고는 있는지 확인해야 한다.

그러니 "첫 직장이 인생을 결정한다!"라고 말하는 것은 아니다. 다만 사람들이 첫 직장이 중요하다고 이야기하는 데는 그만한 이유가 있고, 그 이유를 알고 있어야 스스로를 돌아보며 성장할 기회를 더 많이 가질 수 있다고 생각한다.

스타트업으로의 이직을 고려하는 마케터들에게

PLC 면에서 도입기-성장기에 속하는 스타트업은 마케터를 많이 채용한다. 그렇다 보니 내 주변에서도 스타트업으로의 이직을 고민하는 마케터들이 많이 보인다. 대부분 새로운 브랜드를 알리며 다양한 마케팅 활동들을 해볼 수 있으리란 기대를 품고 있다. 하지만 안정적인 선택은 아니라서 정말 스타트업으로 옮겨도 될지 고민도 많이 하고, 이직 전에 고려해야 할 사안들이 많아 어려워하기도 한다. 그래서 이번에는 이 책을 읽는 마케터들 중 스타트업으로의 이직을 고려 중인 분들을 위해 주의해야 할 포인트 몇 가지를 짚어보려 한다.

그렇게 진짜 마케터가 된다

마케팅만 잘하면 그만이라는 착각

스타트업으로 옮기려는 마케터들은 종종 '이 브랜드는 마케팅만 잘하면 훨씬 성장할 것 같은데 아쉽네. 내가 가서 마케팅 수준을 끌어올려보자!'라는 생각으로 이직할 곳을 정하곤 한다. 안타깝지만, 이는 착각인 경우가 많다. 단순히 광고를 적극적으로 돌리지 않거나 기발한 팝업 행사를 열지 못해서 브랜드가 크지 못한 것이 아니라, 보다 근본적인 비즈니스의 문제가 있을 수 있다. 겉보기에는 마케팅을 잘 못하는 것 같지만 실은 회사가 가진 제약 속에서 최선의 선택을 해왔던 것일지도 모른다는 이야기다. 그런 상황을 모른 채 '마케팅만 잘하면 될 거야'라는 생각으로 이직을 했다가는 마케팅을 하기 위한 사전 작업에 더 많은 시간을 쏟아야 할 수도 있다.

다행히 나는 이 사전 작업에 해당하는 업무들을 즐겁게 하는 편이라 이런 변수가 이직이나 커리어에 있어 문제가 되지 않았다. 하지만 아무래도 마케팅이라고 부르기는 애매한 일들이라 마케터들 중에는 이런 일을 하게 됐을 때 '커리어가 꼬여버렸다'라고 생각하는 이들도 있다. 그렇게 사전 작업에 짧게는 몇 개월, 길게는 몇 년의 시간을 쓰다가 결국 다시 회사를 옮기기도 한다. 그러니 스타트업으로 이직하기로 마음먹었다면 마케팅만 잘하면 될 거라는 착각은 버리도록 하자. 가고자 하는 회사의 상황을 좀 더 면밀히 살피며 그렇게 플레이하고 있는 이유를 알아내야 한다.

실제로 꾸까에서 나를 채용할 때 기대했던 것은 '브랜드 캠페인을 잘하는 것'이었으나, 입사 후 마케팅팀이 어떻게 일하는지 직접 보고 '마케팅 활동을 하기 전에 세팅해야 할 게 많겠는데?'라는 생각이 가장 먼저 들었다. 워낙 판매하는 상품 품목이 많다 보니 이를 관리하는 데 인력이 많이 쓰이고 있었고, 팀 내 협업 프로세스가 잘 갖춰지지 않아 각자 상품을 론칭해서 각자 마케팅하는 독립적인 방식으로 돌아가고 있었다. 그래서 첫 1년은 브랜드 캠페인이 가능한 구조를 만드는 일에 주력해야 했다. 팀을 조직화하여 협업이 가능하게 만들고, 판매하는 품목들을 재정비하고, 마케팅 활동에 따라 생산 수량을 늘릴 수 있도록 생산팀과 업무 보조를 맞추고, 기존의 프로세스 중 비효율적인 것은 과감히 폐지하는 등의 사전 작업을 거친 뒤에야 얼마의 광고비를 들여야 얼마의 매출액이 나는지와 같은 계산을 시작할 수 있었다. 그 1년 동안 마케팅 활동을 하지 않은 건 아니지만, 사전 작업을 통해 마케팅 환경이 잘 세팅되자 비로소 마케팅 활동이 매출액의 상승으로 연결됐다. 이와 관련해서는 4장에서 더 자세히 다룰 예정이다.

기초 작업도 마다하지 않겠다는 마음

그렇다면 이직하려는 회사가 마케팅을 제대로 할 수 있는 상황인지 아닌지는 어떻게 알 수 있을까? 면접 때 직접 물어보면 될까? 글쎄, 나의 답은 '아니다'다. 회사가 현재 상황을 객관적으로 보고 마케팅을 시작할 시점을 파악한 후 마케팅 실무자를 채용한다면 너무 좋겠지만, 애초에 사전 작업이 이뤄지지 않은 상태에서는 회사 역시 이를 제대로 판단하기보다 마케팅이 약한 것이 문제의 원인이라고 생각하기 쉽다. 회사의 현황으로서는 최고의 마케팅을 하고 있음에도 불구하고 말이다. 이 경우, 회사가 마케터를 뽑겠다고 나서긴 했지만 실제로는 마케팅을 하기 위한 기초 작업을 맡아줄 사람이 필요할 확률이 높다. 그러므로 마케팅 환경이 잘 갖춰져 있는지 회사에 묻는 건 큰 도움이 되지 않는다. 그보다는 마케터 본인이 자신의 직무 영역을 더 넓게 여기는, 말하자면 '마케팅할 수 있는 구조를 만드는 것부터 마케터의 일'이라고 생각하는 쪽이 훨씬 효율적이고 업무 현장에 빠르게 적응할 수 있다.

기반을 만드는 과정이 적성에 맞다고 판단되는 사람에게는 스타트업으로의 이직을 추천한다. 반대로 기반 없이는 마케팅을 진행하기 어렵거나 기초를 다지는 작업에 흥미가 없다면 스타트업으로 가도 과연 괜찮을지 한 번 더 고민해보는 것이 좋겠다.

조금 다른 맥락의 이야기를 덧붙이자면, 마케터라면 다른 브랜드의 마케팅 활동을 평가함에 있어 조심성을 가져야 한다. 그 브랜드에서 일해보지 않고서, 어떤 노력과 과정으로 비즈니스가 돌아가고 있는지 알지 못한 채로 '마케팅만 잘하면 될 것 같은데?' 같은 말을 가볍게 꺼내서는 안 된다.

나 역시 외부의 사람에게서 우리 브랜드의 SNS가 '짜친다'라는 말을 들어본 적이 있다. 물론, 안타까운 마음에서 '조금 디 세련된 이미지로 SNS를 꾸미면 좋을 텐데' 등의 의견을 전할 수는 있다. 하지만 '좋다' 혹은 '나쁘다', '잘했다' 혹은 '못했다'를 평가하기 시작하면 이야기가 달라진다. 당시 우리 마케팅팀은 우리의 SNS 콘텐츠가 좀 아쉽다는 것을 모르지 않았다. 그렇지만 회사에서 마케팅팀의 우선적인 과제로 매출액 달성을 설정했고, 이에 맞춰 우리는 SNS용 이미지 제작에 공들이기보다 당장의 판매량을 늘리는 데 주목했다. 주어진 우선 과제를 수행하는 데에도 인력과 시간이 부족한데 SNS 관리에 들일 여력이 있을 리 없었다. 회사의 비즈니스 운영 방향에 따른 결과였을 뿐이다.

'짜친다'라고 평가했던 사람은 SNS로 비즈니스를 크게 성장시킨 경험이 있는 사람이었고, 전문가의 입장에서 진심으로 조언한 것일 수도 있다. 하지만 회사의 의사결정과 비즈니스 상황 속에서 최선을 다하고 있는 입장에서 실정을 모르는 사람의 악평이 달가울 수는 없었다. 입장을 바꿔 생각해보면 여러분도 분명 동감할 것이라고 생각한다. 같은 일을 하는 동료로서, 다른 브랜드의 마케팅 활동을 대할 때는 신중함과 배려심을 갖추도록 하자.

회사는
대표의 그릇만큼 큰다

앞서 스타트업으로 이직할 때 그 회사가 마케팅만 잘하면 성장할 수 있는지 없는지는 확인하기 어렵고, 그보다는 스스로의 성향을 잘 파악하고 업무의 범위에 대한 유연한 관점을 가지는 게 중요하다고 이야기했지만, 사실 한 가지 방법이 있긴 하다. 그 스타트업의 대표를 살펴보면 된다. 스타트업뿐 아니라 모든 회사는 대표의 그릇만큼 큰다고 생각한다. 그럼에도 '스타트업으로의 이직'을 전제한 이유는 스타트업은 상대적으로 규모가 큰 대기업이나 중견기업 등에 비해 대표의 의사결정이 회사에 미치는 영향이 클 수밖에 없기 때문이다. 규모가 큰 회사에서는 주주총회나 이사회와 같은 자리에서 대표의 결정이 적절한지 논의하고, 업무의 체계가 촘촘히 구축되어 시스템적으로 보완될 여지가 많다. 하지만 스타트업에서는 그런 기회가 적고 대표의

그렇게 진짜 마케터가 된다

결정이 즉각 업무로 연결되기 쉽다. 앞서 다룬 마케팅 활동을 위한 기반 문제만 해도 실무자의 눈에는 한두 달이면 보이는 문제나 과제, 필요성 등등이 대표의 눈에는 보이지 않거나 인지하더라도 당장 투자할 만큼 심각한 일로 여기지 않을 수 있다.

스타트업에서 대표의 역량과 성향이 중요한 이유

특히 대기업에서 스타트업으로 이직을 고려하는 경력직 마케터들은 팀장 혹은 그 이상의 직급으로 옮기는 것을 고민할 확률이 높은데, 직급이 높다는 것은 대표의 의사결정을 함께 책임진다는 의미이기도 하다. 그 결정에 스스로 설득되지 못했더라도, 그 회사에 소속된 동안은 이를 따르며 팀원들을 설득하는 것까지 업무에 포함된다. 대표의 결정이 회사의 방향성이고 그 방향성을 자신의 의사결정 기준으로 삼아야 하기 때문이다. 그렇다보니 경력이 많을수록, 직급이 높을수록 대표의 성향이나 역량이 나의 커리어에 미치는 영향도 커진다. 주니어는 당장 일하는 법을 배우는 것이 더 중요해서 대표가 잘못된 결정을 내려도 맡은 바를 잘 수행하기만 하면 되지만, 팀장급 이상은 비즈니스를 리드하고 브랜드를 성장시켜야만 하는 책임을 가지므로 대표의 결정이 곧 자신의 업무 결과로 보여지고 평가받게 되는 것이다.

　그래서 스타트업으로 이직할 때는 사전에 대표와 직접 이야기를 나눠볼 수 있다면 가장 좋고, 그렇지 않다면 대표에 관해 최대한 많은 정보를 수집해봐야 한다. 더불어 이직할 회사와 시기에 대한 기준을 세우는 것처럼 이직할 곳의 대표에 대한 기준도 필요하다. 그렇다면 어떤 대표가 좋은 대표일까?

'함께 일하고 싶은' 대표의 조건

나는 사람들을 만날 때 '어떤 대표와 일하고 싶은가'에 대해 종종 이야기를 나눈다. 그러면서 대표가 해야 하는 일은 명확하고 올바른 비전을 제시하고 일하기 좋은 환경을 제공하는 것밖에 없다는 걸 알게 됐다. 실제로 비즈니스를 만들고 키워가는 것은 실무자들의 몫이고, 대표는 그 구조를 구축하면 되는 것이다. 이처럼 좋은 대표에 대해 다방면으로 고민해가며 나만의 기준을 만들 수 있었는데, 크게 네 가지가 있다.

① 비전을 제시할 수 있나?
대표는 장기적인 비전을 제시할 수 있어야 하고, 대표의 의사결정은 그 비전에 기반해 일관성 있게 이뤄져야 한다. 시간이 흐르고 상황이 바뀌어 그 비전이 달라져야 할 때도 역시 긴 호흡으로 직원들과 충분히 대화하고 자신의 결정이 회사 전체에 어떤 영향을 주는지 구체적으로 이해한 다음 이를 반영해야 한다. 대표

에게 있어 가장 중요한 역량은 당장의 매출액을 높이는 것이 아니라 직원 전체가 목표로 삼고 달려갈 수 있는 과제를 계속해서 제공하는 것이다. 대표가 실무 하나하나에 관여하면서 오늘 매출이 떨어진 원인 같은 것을 따지는 순간 회사는 길을 잃고 눈앞의 매출만 좇는 조직이 되고 만다. '비전 제시는 대표면 당연히 할 줄 아는 것 아닌가?'라고 생각하는 사람도 있을 것이다. 하지만 의외로 이를 잘하지 못하는 대표들도 꽤 많다.

한 회사의 비전이란 하나의 단어로 표현할 수 있어야 하고, 이로 인해 서로 다른 팀들 사이에 이해관계가 상충해서는 안 된다. 예를 들어 마케팅팀에게는 매출액 신장을 요구하고, 생산팀에게는 생산비 절감을 요구한다면 어떻게 되겠는가? 서로 자기 팀의 과제를 달성하기 위해 상대 팀을 닦달하며 사내 분위기가 불편해지는 것은 물론, 업무가 제대로 이뤄지지 않을 것이다. 대표가 제시하는 비전은 모든 팀을 아우를 수 있어야 한다. 이를테면 '고객에게 잊지 못할 경험을 선사하자' 같은 것 말이다. 이런 공통된 비전을 제시하면 마케팅팀은 고객경험을 극대화하기 위한 마케팅 활동을 고안하고, 생산팀에서는 고객경험을 높이기 위한 생산 방법을 찾을 것이다. 한 가지 목표를 향해 함께 달려가면 충돌 없이 유의미한 결과를 만들어갈 수 있다.

② 원칙을 가지고 있는가?

대표의 결정에는 이를 뒷받침하는 원칙이 있어야 한다. 일관된 원칙은 조직원들로 하여금 대표의 결정을 예상하고, 이해하며, 납득하게 만든다. 이때 원칙은 비전과 동일선상에 있어야 한다. 말하자면 원칙은 회사에서 추구하는 비전의 핵심과도 같다. 앞의 예를 다시 가져와서, '고객에게 잊지 못할 경험을 선사하자'라는 비전을 제시했다면 그 비전에 맞춰 '고객이 1순위'라는 원칙하에 의사결정을 내려야 한다는 이야기다.

원칙이 없어서 회사의 상황에 따라 그때그때 결정의 기준을 바꾸거나, 원칙이 있지만 자꾸 예외를 만드는 대표라면 조직원들은 대표의 다음 결정을 예측할 수 없게 된다. 그렇게 되면 실무자들은 업무의 다음 스텝을 알 수 없어 주저하거나 대표의 눈치를 보며 매번 다른 방향으로 움직여야 한다. 만약 여러분의 회사 대표가 어제는 매출을 높이는 게 중요하다고 했는데 오늘은 비용을 줄이는 게 최우선이라고 한다면 '내일은 브랜딩이 중요하다고 하려나? 아님 다시 매출을 높여야 한다고 하려나?' 하는 생각이 들지 않겠는가? 이렇게 원칙이 바뀌는 일이 반복되다 보면 각 팀들은 어떤 결정도 내리지 못하고 방어적으로 일할 수밖에 없다.

③ 현재 회사의 상황과 문제점을 정확히 알고 있는가?

이 기준은 비전 제시와 밀접한데, 회사의 현황을 잘 알고서 비전을 그리는 것과 현황은 모른 채 허황된 꿈만 꾸는 것은 전혀 다르다. 회사를 운영하다 보면 여러 상황이 뒤엉켜 무엇이 원인이고 무엇이 결과인지 구분하기 어려운 가운데 의사결정을 내려야 할 때가 많다. 이럴 때 회사의 문제를 명확히 인지하고 뒤엉킨 상황들을 풀어가는 것도 대표의 역할이다. 매출액도 높여야 하고, 비용도 아껴야 하고, 브랜딩도 새롭게 해야 하는 복합적인 문제가 생겼다고 해보자. 실무자들은 각자의 문제가 가장 급하다고 하고, 부서들 사이에 긴장감마저 흐른다. 이때 대표가 상황 파악을 잘하고 있다면 '당장 비용이 늘더라도 브랜딩에 투자하는 게 맞다' 혹은 '매출이 좀 줄더라도 비용을 낮추는 게 안전하다'라고 확실하게 말할 수 있는 것이다. 포기할 것은 포기하고 집중해야 하는 것을 찾아 집중할 줄 아는 것, 이 또한 대표에게 필요한 능력이라고 생각한다.

④ 내실을 다져왔는가? 그래서 일에만 집중할 수 있는 환경을 갖춰주었는가?

회사가 크게 성장하려면 비전을 제시하고 결과를 만드는 과정에서 꾸준히 내실을 다져야 한다. 따라서 대표가 어떤 문제점에 대해 단순히 미봉책 수준의 해결책을 찾는 것이 아니라 시스템

화나 자동화처럼 내실을 견고하게 만드는 의사결정을 내렸는지 또한 중요하다. 외적인 성장만 중시하면 이를 운영하기 위한 비용만 기하급수적으로 늘어나기 마련이다. 결국 비용으로 인한 적자를 감당하지 못해 망하거나, 혹은 일정 규모로만 유지될 뿐 그 이상의 성장을 이루지 못한다.

단기적 관점에서만 고민해왔거나 현재의 문제점을 정확히 파악하지 못했을 경우 내실을 제대로 다시기 어렵다. 이를 '기술 부채'라고도 하는데, 초기 MVP_{Minimum Viable Product}* 단계에서는 사람이 수작업으로 일하며 그 수요를 확인하는 과정이 필요하지만, 수요가 어느 정도 확보되면 작업 공정을 시스템화해야 한다. PR 과정에서 기자들에게 기사 발행을 요청하고자 메일을 보내는 작업을 필수적으로 해야 하는 회사가 있다고 해보자. 초기에는 기자 한 명 한 명에게 일일이 메일을 작성해 보낼 수 있지만, PR의 규모가 커지면 메일을 보내는 횟수도, 발송할 기자 리스트도 늘어난다. 그럴 때 사람을 몇 명 더 뽑아 메일 발송을 맡기는 회사가 있고, 이메일을 자동으로 보내주는 시스템을 구축하는 회사가 있다. 당장에는 두 회사 사이에 별 차이가 없어 보일 테지만, 몇 개월만 지나도 상황은 달라지기 시작한다. 자동화를 택한 회사는 초기 시스템 구축에 비용을 좀 들이긴 했어도 인력을

---

* 최소 기능 제품. 핵심 기능만을 구현한 초기 단계의 제품으로, 이를 통해 고객의 수요를 확인하고 피드백을 받는다.

효율적으로 투입함으로써 인건비를 줄일 수 있고, 이를 다른 곳에 투자하여 보다 큰 성장을 도모할 수 있다. 이러한 의사결정은 비전 제시와 문제점 파악, 내실 강화가 모두 적절히 맞물려야 가능하다. 새롭게 이직을 했는데 "이걸 전부 사람이 직접 해요?"라거나 "체계가 없네요" 같은 말이 나도 모르게 튀어나왔다면 그 회사의 대표는 이런 의사결정을 내리지 못하고 있는 것이다.

더불어 '내실'에는 기술적 시스템 외에 직원들의 성장도 포함된다. 인력을 충원하는 방식으로 시스템 구축을 대신해온 회사는 기존 직원들을 트레이닝하여 문제해결능력을 높여볼 고민을 하지 않을 확률이 높다. 주니어들을 채용해서 단순한 오퍼레이션 관련 업무만 주다가 몇 년이 지나 회사의 규모가 커지면 그제야 문제점을 깨닫게 된다. 이를 수습하기 위해 경력직 채용에 나서고, 단순 업무밖에 하지 못하게 된 기존 직원들을 내보낸다. 내실을 등한시한 대표의 결정이 누군가의 커리어에 막대한 영향을 끼치게 되는 것이다.

지난번 글에서부터 마케터로서 스타트업 이직을 하게 된다면 고려해야 할 것에 대해 정리해보았는데, 개인적 차원에서는 마케팅만 잘하면 된다는 착각을 버리고, 회사적 차원에서는 나와 함께 합을 맞춰갈 대표는 어떤 사람인지를 알아보는 과정을 꼭 거쳤으면 한다.

PART 2

마케터의
진짜 능력이
빛나는 순간

Chapter 3

마케팅이란 정글에서
살아남기 위해

| 마케터의 일과 원칙 |

'마케터'라고 쓰고
'비즈니스 리더'라고 읽습니다

마케터에 대한 흔한 오해 중 하나는 톡톡 튀는 아이디어를 내는 직업이라고 생각하는 것이다. 기발한 광고나 힙한 팝업 행사처럼 겉으로 보여지는 활동들을 보면 그렇게 오해할 수 있겠지만, 이는 마케터의 수많은 업무 중 일부에 불과하다. 실제로 마케터로 일하면서 내가 가장 많이 듣고, 또 가장 많이 하는 말은 '왜?'다. 마케팅 활동들은 목적이 명확히 잡힌 상태에서 이루어진다. 마케터는 '그냥', '왠지 끌려서', '갑자기 아이디어가 떠올라서' 등등의 이유로 일하지 않는다. 지금까지 나의 커리어패스를 돌아보며 어떻게 마케터란 직업을 가지게 됐는지 다루었는데, 지금부터는 마케터가 하는 일에 대해 깊이 있게 알아보려 한다.

그렇게 진짜 마케터가 된다

마케팅하고 싶으면 대행사로 가라고요?

내가 P&G에서 들었던 '마케팅하고 싶으면 대행사로 가라'라는 말은 마케터는 광고보다 훨씬 방대한 업무를 다룬다는 뜻이었다. 마케터는 비즈니스를 매니지먼트하는 사람이다. 현 상황As is 을 이해하고, 원하는 목적과 목표To be를 그린 다음, 목표로 가기 위해 필요한 모든 것What needs to be true을 계획하고 실행하는 전 과정이 곧 마케터의 업무인 셈이다. 실제로 P&G에 재직하던 당시 내 바로 위 직급은 CCLCountry Category Leader이었는데, 자신이 맡고 있는 브랜드와 그 브랜드가 속한 카테고리(시장)에서 일어나는 모든 비즈니스 이슈 및 매출 목표를 책임졌다.

마케터는 지도를 스스로 그리며 항해하는 사람

나는 종종 마케터를 가리켜 '지도를 스스로 그리며 항해하는 사람'이라고 표현하곤 한다. 브랜드가 나아갈 목적지를 정하고 길을 잃지 않도록 전략을 짜며 내비게이션 역할을 하기 때문이다. 중간중간 '매월 목표 매출 달성' 같은 이정표를 찍어가면서 말이다.

꾸까를 예로 들어보자. 꾸까가 향하는 목적지는 '일상에서 즐기는 꽃 문화를 만드는 브랜드'이고, 다양한 마케팅 전략을 원칙

삼아 우리의 활동들이 정말로 '일상에서 즐기는 꽃 문화'를 만들어가고 있는지 체크한다. 어떤 활동을 하든 돈이야 벌리겠지만 그 활동이 우리 브랜드의 방향성과 맞는지 확인해야만 존재의 이유가 분명한 브랜드가 되고 비로소 우리의 메시지에 공감하는 사람들로부터 사랑받을 수 있다. 나아가 브랜드가 보유한 예산과 인력은 한정적이라서 선택하고 결정해야 하는 일이 늘 생기는데, 이때도 마케팅 전략을 참고하면 바로 해결된다. 마케터는 브랜드 차원의 목적과 함께 '매출 ○○○억 달성' 등의 목표 또한 이루어야 하므로 '일상에서 즐기는 꽃 문화'를 만들어가는 마케팅 활동들을 하면서 그 달의 목표를 달성하는 일도 수행한다.

　이어서 마케터가 하는 일을 하나씩 순서대로 살펴볼 예정

마케터의 업무 오버뷰

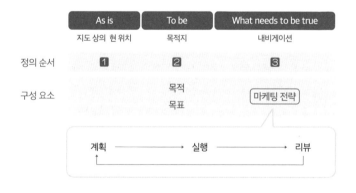

　　　　　　　　　　　　　그렇게 진짜 마케터가 된다

이다. 마케터의 일은 크게 'Why(우리 브랜드가 존재해야 하는 이유)-Who(우리 브랜드가 도움이 될 대상)-What(우리 브랜드의 강점)-How(그 강점을 전달할 방법)'의 순서로 진행된다. 현황을 파악하고, 목적과 목표를 정하고, 이를 위한 전략을 세우는 모든 단계에서 이 'Why-Who-What-How'를 묻고 답을 찾는다. 이 답들은 마케팅 계획을 세우는 밑바탕이 되어줄 것이다. 그 계획을 실행하고 리뷰하면서 마케터는 브랜드를 키워나가게 된다. 왼쪽의 업무 오버뷰 도표를 잘 기억해두었다가 앞으로의 내용들이 각각 어떤 파트에 해당하는지 한 번씩 확인해보면 도움이 될 것이라 생각한다.

다시 한번 강조하건대, 마케터란 번뜩이는 아이디어를 내면 그만인 직업이 아니다. 브랜드와 고객에 대해 깊이 고민하고, 지켜야 할 원칙을 만들고, 일관된 활동들로 목적과 목표를 향해 나아가며 브랜드를 키워내는 직업이다.

브랜드를 맡은 후 해야 하는 첫 번째 일: As is 파악하기

마케터가 브랜드를 맡은 후 가장 먼저 하는 일은 무엇일까? 마케터가 지도를 그리며 항해하는 사람이라고 했으니, 우리가 평소에 지도를 볼 때를 떠올려보자. 보통은 '목적지까지 가는 길'을 먼저 검색한다고 생각하겠지만, 그보다 먼저 하는 일이 있다. 바로 '나의 현 위치'를 확인하는 것이다. 내가 지금 서 있는 곳을 알아야 그곳을 기준으로 목적지까지 어떻게 갈 수 있는지 알아볼 수 있다. 마케터도 마찬가지다. 우리 브랜드의 현 위치를 파악해야, 다시 말해 '내가 맡은 브랜드에 대해 스스로 정의'해야 뭐든 시작할 수 있다.

'스스로 정의하기'가 중요한 이유와 그 방법

그런데 좀 이상하다. 새롭게 어떤 브랜드를 맡으면 인수인계를 거치며 브랜드가 어떤 상황에 있는지, 가장 큰 고민은 무엇인지 등을 자연스럽게 알게 된다. 그런데 왜 스스로 이를 정의해야 하는 것일까? 내가 꾸까에 막 입사했을 때 회사 측에서는 현재 마케팅 기반이 갖춰져 있으며, 브랜드를 적극적으로 키워나갈 단계라고 설명하면서 내게 대규모 브랜드 캠페인 활동을 기대한다고 이야기했다. 하지만 내가 보기에 당시 꾸까는 당장의 캠페인 진행보다 팀 구조의 재정비가 필요한 상황이었다. 매번 그런 것은 아니지만, 이처럼 회사 내부에서 바라보는 브랜드 상황과 밖에서 바라보는 브랜드 상황이 다를 수 있다. 때문에 회사가 상황을 충분히 설명하고 원하는 바를 전달했더라도 마케터가 직접 현황을 파악해봐야 한다.

또한 단순히 혼자 파악하는 데 멈추지 말고, 더 나아가 내가 파악한 내용을 팀과 회사 전체에 알릴 필요가 있다. 이는 브랜드와 팀에 대한 서로 간의 기대치를 맞추는 작업이다. 대표나 다른 팀은 현재 우리 팀이 어떤 상황인지 모른다. 그래서 지난달의 매출액이나 브랜드 캠페인 반응 같은 결과물만으로 우리 팀의 실력을 판단하기 쉽다. 따라서 미리 모두와 공유하고 설득하여 동의를 이끌어내야 한다. 그렇다면 스스로 브랜드의 현황을 파악하고, 다른 직원들을 설득할 만큼 합당하게 정의 내리려면 어떻게 해야 할까?

① 무조건 '데이터'에 기반해서 파악할 것

회사의 상황을 파악하는 데 있어 숫자만큼 명쾌한 것도 없다. 마케터가 어떤 데이터들을 보는지는 뒤에서 자세히 다루기로 하고, 여기서는 현황 파악에 데이터가 어떤 도움이 되는지만 간단히 언급하고 넘어가자. 내 주변의 일 잘하는 마케터들을 관찰한 결과 그들이 처음 브랜드를 맡을 때 공통적으로 하는 일이 있다는 것을 알게 됐다. 다름 아닌 '지표 외우기'다. 지난 몇 년간 브랜드의 매출액, 마켓 셰어market share, 카테고리별 비중, 경쟁사의 데이터 등등 모든 수치를 외우는 것이다. 실제로 이를 해보니 브랜드의 방향을 거시적으로 이해하는 데 큰 도움이 됐다. 이와 함께 나는 회의에서 언급되는 모든 숫자들도 외운다. 이렇게 지표들을 쫙 외우고 나면 우리 브랜드의 성장 추이, 타깃 고객, 메인 상품, 월별 트렌드 등을 파악할 수 있었다. 이를 인수인계 과정에서 들었던 내용과 비교해보면 기존 비즈니스 과정에서 잘못 이해했거나 놓치고 있던 부분들까지도 보인다.

② 겉으로 보이는 숫자만 읽지 말고 꼭 '왜?'를 물을 것

데이터 파악을 통해 나는 꾸까의 주요 고객이 30대 초반의 여성임을 확인했다. 중요한 것은 '우리 브랜드 고객 중에는 30대 초반의 여성이 많구나!'라고 인지하는 데에서 끝내지 말고 '왜 우리 브랜드 고객 중에는 30대 초반의 여성이 많을까?'라는 질문으로 연결하는 것이다. '30대 초반의 여성은 회사에서 대리를 달게 되는 시점이지 않을까? 진급하면 연봉이 늘어나고 삶에 여유가 좀 생길 테니 스스로를 돌보고 싶다는 생각이 들지 않을까? 그럼 본인을 위해 꽃을 정기적으로 사고 싶어지지 않을까?'와 같이 질문들이 꼬리에 꼬리를 물며 이어지면서 고객을 더욱 깊게 파고들게 된다. 나의 경우 30대 초반 여성들이 겪을 수 있는 삶의 변화에 주목했고, 그중에서도 '행동 패턴'의 변화에 대해 고민했다. 필요하다면 FGI_{Focus Group Interview}(표적 집단 면접)나 설문조사를 통해 '왜 꽃을 사야겠다고 생각하게 됐나요?'를 질문하고 가설을 확인했다. 그 결과 적어도 대리 직급은 되어야 꽃이라는 재화를 일상적으로 소비할 만큼의 여유를 얻는다고 정의할 수 있었다. 이를 근거로 '일상에서 소비하는 꽃' 시장의 진입시작점_{POME, Point of Market Entry}을 '대리 승진'으로 설정할 수도 있는 것이다.

이처럼 현황의 이유를 물어야만 '고객 행동 패턴'에 기반해서 데이터를 다시 분석할 수 있다. 이렇게 분석된 자료들은 이후 마케팅 전략을 짤 때 좋은 아이디에이션이 된다. 이를테면 막 대리로 진급한 30대 초반의 여성 고객이 일상에서 소비하는 꽃 시장의 진입시작점에 있으므로, 이 고객을 핵심 타깃으로 하는Who 전략을 세울 수 있다. '김대리를 응원해'라는 커뮤니케이션 메시지를 내세우며 대리로 진급한 고객에게 무료로 상품을 제공하여 꽃을 경험해보게 하는 등의 방식으로 말이다. 고객 관련 데이터뿐 아니라 매출 추이나 월별 매출 차이 등을 다룰 때도 '왜?'를 물으며 우리 인더스트리, 우리 브랜드만의 특징을 찾는 습관을 가지도록 하지.

③ 그동안 집행했던 '마케팅 활동'들을 분석할 것

비즈니스 자체의 현황을 파악했다면 마케팅팀의 현황도 파악해야 한다. 그간 집행했던 마케팅 활동들을 살펴보며 '왜?'를 질문해본다. 기존에 마케팅 전략이 잘 설정되어 브랜드 목적에 맞게 활동들이 전개되고 있다면 문제가 없겠지만, 그렇지 않을 수도 있다. 그럴 경우 마케터는 브랜드를 성장시키기에 앞서 마케팅 전략의 연장선상에서 마케팅 활동을 펼칠 수 있는 환경부터 구축해야 한다. 그동안 어떤 마케팅 전략이 세워졌고, 고객에게 어떤 메시지를 전달하고자 했는지 등을 확인하는 과정이 필요한데, 이에 대해서는 4장에서 구체적으로 들여다보도록 한다.

이때 마케터 활동들 또한 데이터를 토대로 분석해야 한다. 데이터와 함께 그 배경까지 살펴봤다면 모든 마케팅 활동을 새롭게 세팅해야 한다는 극단적인 결론에 이르더라도 실행에 옮긴

그렇게 진짜 마케터가 된다

다. 내가 꾸까에 입사한 직후 브랜드 현황을 파악하고서 브랜드 캠페인을 할 수 있는 상황이 아니라고 판단한 것은 GA 데이터 상 구매 전환이 전혀 일어나지 않는데도 매달 몇천만 원의 비용을 들여 전환 유도 광고를 집행하는 것을 목격했기 때문이다. 이는 캠페인에 앞서서 정비됐어야 할 마케팅 전략, 캠페인 계획, 매체 선정 기준 등이 부재하다는 것을 가리킨다. 그래서 나는 집행되고 있는 광고를 모두 중단하는 것부터 시작했다. 당시는 여름이었는데, 무더운 날씨에 꽃 구매에 대한 니즈 자체가 떨어진 상황에서 꽃 구매를 강조하는 광고를 펼치는 것은 비효율적이라고 판단했다. 대신 구매보다 상대적으로 허들이 낮은 '회원가입' 유도 광고에 투자하는 쪽으로 방향을 틀었다. 광고를 중단하며 아낀 돈으로 문구 업체와의 컬래버레이션을 진행해 꾸까의 브랜드 이미지를 활용한 볼펜을 제작하고, 신규 회원에게 이를 증정하는 이벤트를 벌인 것이다(볼펜은 꽃보다 오랜 시간 곁에 두고 사용할 수 있어 고객으로 하여금 우리 브랜드를 기억하게 만들기에 적절하다고 판단했다). 그러자 꾸까의 브랜드 지향점에 공감하거나 관심이 있는 고객들이 유입되기 시작했고, 꽃 수요가 늘어나는 가을이 되자 고객 풀이 더욱 넓어져 이를 활용한 마케팅 캠페인을 전개할 수 있었다.

프레임워크에 집착하지 말 것

브랜드를 스스로 정의하는 방법, 즉 As is를 파악하는 방법을 3단계로 나눠 설명했는데, 5C-STP-4P의 프레임워크를 기준으로 하면 As is 파악은 5C 파트에 해당한다고 볼 수 있다. 하지만 프레임워크를 활용할 때는 있는 그대로 적용하는 것이 아니라 '실제 브랜드의 상황에 맞춰' 적용해야 한다. 브랜드기 처한 상황에 따라 중요하게 다룰 요소가 다르기 때문이다. 예를 들어, P&G는 물건을 고객에게 직접 판매하지 않고 유통 채널을 거친다. 따라서 현황 파악 시 '유통 채널'에 대한 분석이 중요했다. 유통 채널의 종류와 각각의 특성, 채널별 마케팅 전략을 확인하는 것이다. 반면, 꾸까는 자사 몰의 판매 비중이 높다 보니 이와 같은 유통 채널 분석은 P&G에 비해 중요도가 낮았다.

이렇듯 현황 파악을 제대로 하면 지도에 '나의 현 위치'를 정확하고 구체적으로 찍을 수 있을뿐더러, 목적지로 나아가기 위한 전략을 세우는 데 큰 힌트가 된다. 그렇다면 목적지는 어떻게 설정해야 할까?

모든 것에는 이유가 있다: To be 목적 정의하기

"할인 행사를 진행해야 할까?"

"△△ 브랜드에서 컬래버레이션 제안이 왔는데 어떻게 할까?"

마케터로 일하다 보면 하루에도 몇 번씩 의사결정이 필요한 상황을 맞닥뜨리게 된다. 그럴 때 나는 반드시 '왜?'를 묻는다. '우리는 왜 할인 행사를 해야 할까?' 혹은 '우리가 왜 그 브랜드와 컬래버레이션을 해야 할까?'처럼 말이다. 마케터의 모든 활동은 명확한 원칙과 목적 아래 이뤄져야 하기 때문이다. 마케터는 '그냥' 같은 이유로 일하지 않는다. 제품 상세페이지에 들어가는 작은 카피부터 대규모 브랜드 캠페인까지 마케터가 하는 모든 활동들은 '이게 우리 브랜드의 방향성에 맞는 것일까? 우리의 원칙에 어긋나지는 않을까?' 하는 끊임없는 고민 속에 전개된다.

아주 사소한 메시지일지라도 우리의 목적과 일치하지 않는 것은 절대 내보내지 않는다.

모든 활동의 원칙, '브랜드 방향성'

앞서 지도에서 나의 현 위치를 파악하는 방법을 알아봤으니, 이번에는 '목적지'를 확인할 차례다. 목적지가 명확해야만 중간에 길을 잃지 않고 올바르게 나아갈 수 있다. 마케터에게는 '브랜드 방향성'이 나아갈 방향이자 목적지다. '왜 이 일을 해야 해?'라고 물었을 때, '브랜드 방향성과 맞으니 해야 한다' 혹은 '브랜드 방향성과 맞지 않으니 하지 말아야 한다'라고 답할 수 있는 기준이 된다. 따라서 브랜드 방향성부터 제대로 세워야 앞으로의 항해에 내비게이션 역할을 해주는 마케팅 전략도 잘 만들 수 있다.

꾸까는 2022년에 리브랜딩을 진행하면서 새로운 브랜드 방향성을 갖게 됐는데, 이 책에서는 내가 직접 진행한 2021년의 활동들을 예로 활용하려 한다. 꾸까는 '사람들은 왜 특별한 날에만, 남을 위해서만 꽃을 살까?'라는 질문에서 시작된 브랜드이며, '일상에서 즐기는 꽃 문화를 만드는 브랜드'라는 목적지를 가지고 있다. 일상적으로 꽃을 즐길 수 있도록 2주에 한 번씩 정기적으로 꽃을 배송하는 '꽃 구독 서비스'를 메인 카테고리로 삼았다. '목표 매출액 달성'이라는 목표를 위해 어버이날과 같이 꽃 선물의 수요가 많은 시즌에는 '꽃다발' 카테고리의 판매에 집중하기도 하지만, 마케팅 활동은 기본적으로 구독 서비스 카테고리에 집중된다. 할인 등 세일즈 프로모션을 기획할 때도 정기구독의 혜택을 강화했고, 19,900원부터 시작하는 가격 설정으로 보다 저렴하게 꽃을 구독할 수 있도록 했다. 또한 꽃에 대한 진입장벽을 낮추기 위해 상품 상세페이지마다 구성된 꽃의 종류와 각각의 특징을 친근하고 다정한 문체로 설명했다. 무엇보다 브랜드 메시지를 표현할 때도 단순히 '꽃을 사세요'라고 고객에게 어필하는 것이 아니라 '일상의 행복을 느껴보세요'처럼 우리가 전하고자 하는 브랜드의 가치를 담아냈다.

2021년 4월에는 대규모 브랜드 캠페인을 진행했는데, 키 메시지key message로 '꽃에는 룰이 없어'라는 카피를 선정했다. 예를 들면 이런 식이다. 사무실로 꽃이 배송되자 이를 받은 여성에게 동료들이 남자친구가 보낸 선물이냐고 묻는다. 그러자 그 여성은 이렇게 대답한다.

"제가 산 건데요?"

이 말과 함께 '꽃에는 룰이 없어'라는 카피가 화면을 채운다. 이러한 캠페인을 진행하게 된 것 역시 우리는 '일상에서 즐기는 꽃 문화'를 만드는 브랜드임을 알리는 동시에 꽃은 남에게 선물

할 때나 특별한 날에만 사는 것이라는 고정관념을 깨기 위해서였다.

이처럼, 마케터의 모든 활동에는 분명한 목적이 있다. 브랜드 방향성에 기반한 마케팅 전략을 따라 캠페인을 기획하고 활동을 전개해나간다. 단순히 어떤 광고를 집행할지를 넘어 상품의 기획부터 회사에서 내려지는 모든 의사결정들이 브랜드 방향성과 전략적 인치strategic consistency를 이뤄야 한다. 그래야 사람들이 그 브랜드에게서 이른바 '○○다움'을 느낄 수 있다.

방향성이 없으면 벌어지는 일들

그렇다면 브랜드 방향성이 부재하거나 부실하면 어떤 일이 벌어질까? 그런 곳에서는 "요새 틱톡이 유행이라는데, 우리는 틱톡 광고 안 하나?", "경쟁사에서 지하철역 광고 시작했던데 우리도 해보자" 같은 말들이 들려온다. 브랜드 방향성이 없으면 마케터의 시선이 '고객'이 아닌 바깥으로 향하게 되기 때문이다. '그냥', '눈에 띄어서', '마음에 들어서' 등등의 이유로 결정권자의 주관이 의사결정에 개입되는 것이다. 마케팅 활동에 수반되어야 하는 많은 질문들을 건너뛰고 원칙 없이 '그냥' 진행되고 만다. 지하철역 광고를 예로 들어보자. 지하철역 광고를 집행하려면 다음과 같은 질문들이 발생한다.

· 어느 역에 광고를 틀까?

· 지하철 입구, 승강장 등등 지하철역의 수많은 광고 스폿 중 어디에 광고
를 올릴까?

· 언제부터 광고를 틀까?

· 얼마의 기간 동안 광고를 틀까?

· 어떤 메시지로 광고를 할까?

이때 윗단의 원칙이 없으면 이 질문들을 해결하기가 쉽지 않을
것이다. 또 답을 찾았다고 해도 광고를 진행하다 보면 새로운 질
문들이 계속 생겨난다. 광고 집행이 끝나갈 무렵, 다음과 같은
질문들이 생기면 어떻게 해결할 수 있을까?

· 지하철 광고 회사에서 2주 치 금액을 추가로 지불하면 4주 동안 광고를
집행해주겠다는데, 어떻게 할까?

· 다른 사이즈의 배너 광고를 서비스로 올려주겠다는데, 제작비용이
100만 원이다. 어떻게 하지?

게다가 일을 진행하는 것 자체에만 집중하느라 그에 앞서 고민
됐어야 하는 다음의 내용들은 논의조차 되지 않는다.

- 이 광고가 정말 필요할까? 이 리소스를 다른 곳에 쓰는 것이 더 효과적이지는 않을까?
- 이 광고의 목적이 무엇일까? 왜 이 광고를 집행하는 거지?
- 이 광고로 고객에게서 어떤 반응을 이끌어내야 하지?
- 이 광고의 성공 여부를 어떻게 측정할 수 있을까? 다음에 이 광고를 다시 진행할지 말지를 무엇을 기준으로 정하지?

이처럼 '브랜드 방향성'이 없으면 원칙 없이 일이 시작되고, 그렇게 시작된 일 안에서 필요한 많은 질문들이 그때그때 생각나는 대로 혹은 결정권자의 감정에 따라 결정되게 된다. 더 이상 '일관되게' 브랜드 메시지를 전할 수 없기 때문에 결과적으로 브랜드의 '○○다움'이 사라져버린다.

브랜드 방향성이 명확했다면 위와 같은 질문들이 애초에 생겨나지 않는다. 대신 다음과 같이 방향성과 고객에 기반해 의사결정을 논의할 수 있는 질문들이 떠오른다.

- 우리 브랜드 메시지에 가장 공감하는 고객인 30대 초반 여성들은 어떤 채널에서 시간을 보낼까?
- 우리의 주요 타깃 고객이 가장 많은 시간을 보내는 인스타그램에서 우리가 꽃의 일상화를 추구한다는 것을 어떻게 보여줘야 효과적일까?

브랜드를 만들어간다는 것은 하나의 일관된 메시지를 다각도로 풀어내는 과정이다. 오랜 시간 동안 마케터들이 고민한 'Why-Who-What' 파트를 고객은 직접 볼 수 없다. 고객이 볼 수 있는 것은 그 결과물에 해당하는 'How'의 광고 메시지뿐이다. 앞단이 명확히 정의되지 않은 상황에서는 일관된 메시지를 도출해낼 수 없고 '○○다움'이 없는 혼란스러운 결과만 남게 된다. 모든 것이 하나의 방향성으로 나아가야 고객이 그 브랜드의 색깔을 제대로 인지할 수 있다.

우리 브랜드의 방향성을 만들어가는 과정

꾸까에 입사한 후, 브랜드 방향성을 그리기 위해 나는 기존 조직원들과 워크숍을 진행했다. 방향성은 누군가 혼자서 정할 수 있는 것이 아니고 브랜드를 구성하는 모든 조직원들의 공감과 합의를 거쳐야 하는 것이기 때문이다. 혹시나 그동안 '그냥'이나

'끌려서' 같은 이유로 마케팅 활동을 전개해왔더라도 기존 조직원들만이 알고 있는, 말로 설명할 수는 없지만 체화된 무언가가 있을 수 있다. 새로 합류한 나는 아직 제3자의 관점에서 브랜드를 바라볼 수 있으므로 기존 조직원들과의 논의는 필수였다.

우리는 'Why-Who-What-How'의 순서로 이야기를 나눴다. 먼저 우리 브랜드의 존재 이유Why인 '꽃의 일상화'의 구체적인 의미에 대해 논의했다. '일상화'란 단어의 정의부터 명확히 할 필요가 있었는데, 그에 따라 우리가 집중할 고객이 누구인지, 우리가 판매하는 카테고리 중 무엇을 메인으로 설정해야 하는지, 우리의 커뮤니케이션 메시지를 무엇으로 뽑을지 등이 정해지기 때문이다. 논의 결과, 우리가 생각하는 일상화는 단순히 다양한 꽃을 많이 접하는 것이 아니라 특별한 날이 아니어도 꽃을 즐길 수 있는 것이라는 결론에 도달했다. 이를 기반으로 우리의 비즈니스를 키우려면 2주 간격으로 꽃을 배송하는 정기구독과 특별한 날을 위한 꽃다발 중 정기구독이 메인 카테고리가 되어야 한다는 것에 모두의 동의를 이끌어낼 수 있었다.

타깃 고객Who을 논의할 때는 아무런 배경 없이 '우리의 고객이 누구라고 생각하나요?'라고 질문하면 현실 비즈니스와 무관한 뜬구름 잡는 이야기가 나올 수 있다. 때문에 기존의 브랜드 소개글이나 광고 배너들을 두고 이야기를 나누었다. 이 배너를 누가 읽기를 기대했고 그들이 우리 브랜드를 어떻게 인지하길 원했는지를 물어보며 하나씩 풀어나갔다. 그러다 기존 조직원들이 말하는 고객과 내가 데이터를 통해 파악한 고객 사이에 괴리가 있다면 어떤 고객을 추구해야 할지도 논의했다.

이런 식으로 그간 막연하게 '어떠할 것이다'라고 생각했던 것들이 실제 데이터와 차이가 있는지를 확인하면서 브랜드 방향성에 대한 그림을 함께 그려나갔다. 마지막으로 우리가 앞으로 마케팅 활동을 진행하면서 목적지를 잃지 않도록 그 방향성을 한 문장으로 정리했다.

'꾸까는 일상에서 즐기는 꽃 문화를 만들어가는 브랜드다.'

방향성이 정리되자 이후 마케팅 활동을 진행하면서 '우리가 하려는 활동이 일상에서 즐기는 꽃 문화를 만드는 데 도움이 될까?', '우리의 활동으로 꽃에 대한 고객의 고정관념에 의문을 제기할 수 있을까?' 등의 질문들을 던지게 됐다.

브랜드의 To be 목적을 정의하는 것은 5C-STP-4P 프레임워크의 STP, 그중에서도 포지셔닝에 가깝다. 타깃 고객에게 우리가 어떤 모습으로 인지되길 원하는지 정하는 것이다. 브랜드 방향성이 명확할수록 목적지를 잃지 않으면서 다양한 길로 가볼 수 있다.

무조건 달성해야만 하는 목표: To be 목표 세팅하기

'매출 ○○○억 달성'

To be 파트에서 목적만큼 중요한 것이 목표다. 앞서 설명한 브랜드 방향성은 목적$_{purpose}$에 해당하며 '~하는 브랜드 되기'와 같은 방식으로 설명할 수 있다. 그런데 마케터로 일하다 보면 '~하는 브랜드 되기'보다는 위와 같은 말들을 더 많이 접하게 된다. 바로 마케터에게 주어지는 목표$_{goal}$다. 목표는 목적으로 정의 내린 브랜드가 되기 위해 '수치적으로' 달성해야 하는 값이다. 예를 들어 꾸까의 마케터에게는 '꽃의 일상화를 추구하는 브랜드'라는 목적이 주어진다. 동시에 이를 알리기 위해 '올해 신규 유저 ○만 명 유입'이나 '정기구독 카테고리 매출액 ○○% 신장'과 같은 분명한 목표값을 가지게 된다. 브랜드는 가치를 추구하

그렇게 진짜 마케터가 된다

는 한편 돈을 벌어야 하기 때문에 목적뿐만 아니라 이를 수치로 정리한 목표도 아주 중요하다. 둘 중 어느 것이 더 중요하냐고 묻는다면 우열을 가리기가 어렵다. 예를 들어 목표에만 집중해서 무작정 대규모 할인 행사를 벌인다면 목표 매출액은 쉽게 달성할지 몰라도 그 과정에서 브랜드의 가치가 훼손될 수 있다. 반대로 추상적으로 지향하는 목적만 있다면 이익을 내지 못해 결국 사라지는 브랜드가 되기 쉽다. 마케터가 지도를 그리며 항해함에 있어 목표는 브랜드가 지속적으로 성장하기 위한 연료이자 목적지까지 잘 도달하기 위해 중간중간 방향을 알려주는 이정표다.

그렇다면 우리는 주어진 목표를 그대로 받아들여야 할까? 물론, 한 회사에 소속된 직원으로서 회사가 제시한 목표를 그대로 수용해야 하는 경우도 많다. 하지만 마케터라면 주어진 목표가 올바른 목표인지 확인해야 한다. 다시 말해, 그 목표가 실제로 달성할 수 있는 현실적인 숫자인지 데이터에 기반한 논의가 필요하다. 목표를 세팅할 때 확인해야 하는 사항은 크게 두 가지다.

우리에게 가장 중요한 지표는 무엇인가?

먼저, 주어진 '지표'가 우리 브랜드의 목적과 같은 방향을 향하고 있는지 확인해야 한다. 마케터는 브랜드의 성장과 관련된 다양한 지표들을 보면서 일한다. 이때 우리 브랜드의 성장에 있어 가장 중요한 지표, 즉 OMTM_{One Metric That Matters}이 무엇인지 정의해야만 한다.

지표란 비즈니스를 잘 운영하고 있는지 알 수 있는 바로미터다. 예를 들어 '가입자 수 1,000명 달성'에서 '가입자 수'는 지표이고, '1,000'은 목표다. 여기서 중요한 것은 너무 많은 지표를 살피느라 비즈니스의 주객이 전도되어서는 안 된다는 것이다. 꾸까의 경우 초기에 DAU, ROAS_{Return on Ads Spending}*, 가입자 수, 매출액, 페이지 이탈률, 재구매율 등 다양한 지표들을 전부 주요 지표로 관리했다. 그렇다 보니 목표 달성에 많은 제약이 따랐다. 얼마의 일 매출을 달성하는 동시에 일일 ROAS는 300%를 넘어야 하고, 신규 가입자 수는 몇 명 이상이 되어야 하는 식이었다. 이 모든 것을 한꺼번에 관리하느라 정작 브랜드의 성장에는 집중하지 못했다. 꾸까와 같은 이커머스 브랜드에게 가장 중요하는 것은 고객에게 물건을 판매하는 것이다. 따라서 매출액을 OMTM으로 설정하고, 이를 키우기 위해서 무엇을 어떻게 할지부터 정립해야 했다. 다른 지표들을 높이는 것은 그 이후의 문제다.

마케터가 하는 일이 PLC나 인더스트리에 따라 달라지는 것처럼 마케터가 봐야 하는 OMTM 역시 산업군에 따라, 사업모델에 따라, 사업 단계에 따라 달라진다. 따라서 목표를 세팅할

---

* 광고 비용 대비 수익률=매출액÷광고비×100

때는 우리가 집중해야 하는 지표가 맞게 제시되어 있는지부터 검토해야 한다.

현실성 있는 숫자를 목표로 삼았는가?

지표가 제대로 주어졌다면 목표로 하는 숫자가 달성 가능한 것인지 확인해야 한다. 목표 숫자는 탑다운top down 방식으로 상부에서 결정되어 내려오는 경우가 많다. 나의 경험을 예로 들면 P&G에서는 주주 배당금 등 상단의 목표가 먼저 정해지고, 이를 브랜드나 마켓(국가)별로 쪼개어 목표 매출이 설정됐다. 이때 마케터가 할 일은 탑다운으로 내려온 목표 숫자를 이해하되, 바텀업bottom up 방식으로 아무런 마케팅 활동을 하지 않아도 자연유입을 통해 벌 수 있는 돈을 계산한 다음 그 위에 앞으로 1년간 진행할 마케팅 활동들의 예상 매출액을 하나씩 얹어 최종 예상 매출액을 산출해내는 것이다. 그 과정에서 목푯값에 최대한 맞추기 위해 마케팅 활동의 개수를 늘리며 새로운 마케팅 활동을 기획해보고, 작년의 활동을 발전시켜 큰 규모로 계획해보기도 한다.

하지만 그렇게 해도 목표 달성이 어렵다면 실현 가능하도록 목푯값을 조정하기를 요청하거나 필요한 추가 리소스(예산, 인력, 생산투자 등)를 얻어냈다. As is 단계에서 파악한 트렌드를 반영하고 가용 가능한 자원을 최대한 활용했을 때를 기준으로 마케팅 전략을 세우며 목표를 확정하는 것이다.

As is와 To be 파트를 마무리하며 이 단계에서 가장 중요한 것이 무엇인지 생각해보면 단연 '의문 제기'다. 세상에 '당연히 그렇게 하는 것'은 없다. 브랜드에서 그동안 해왔다고 해서 그대로 받아들이시 말고 '원래부터 그런 게 어디 있어?'라는 관점으로 바라보자. 현황의 파악과 목적 및 목표의 정의는 한 번으로 끝나는 일이 아니다. 비즈니스 상황은 계속 변화하고, 마케터는 이를 끊임없이 관찰하며 브랜드의 'Why-Who-What-How'를 반복적으로 묻고 정립함으로써 브랜드를 발전시켜나가야 한다.

그렇게 진짜 마케터가 된다

마케팅 전략과
연간 플랜 세우기

자, 이제 우리는 스스로 어디에 서 있는지를 알았고, 목적지가 어디인지도 정했다. 목표들을 하나씩 달성하면서 목적지를 향해 나아갈 차례가 됐다. 그러기 위해 마케터의 모든 활동은 철저한 계산 아래 진행되어야 한다. 이번에는 목적지까지 항해하는 방법, 'What needs to be true'에 해당하는 마케팅 전략에 대해 알아보자.

하나의 목적 또는 목표가 주어지더라도 그것을 달성하는 방법은 여러 가지다. '꽃 판매'를 예로 들어보자. 일정한 목표 매출액이 주어졌을 때 이를 달성하는 방법으로는 크게 비싼 꽃을 적게 파는 것과 저렴한 꽃을 많이 판매하는 것 두 가지가 있다. 둘 중 어떤 전략을 택하느냐에 따라 타깃 고객, 커뮤니케이션 메시지 등의 마케팅 활동뿐 아니라 꽃 작업장 운영 방식 같은 뒷단의 일까지 모두 달라진다. 이때 전략을 선택하는 기준은 브랜드 방향성이다. 우리 브랜드의 목적지가 '프리미엄 꽃다발계에 한 획을 긋기'라면 사람들이 접하기 어려운 꽃을 어떻게 잘 가져올 지나 더 고급스러운 꽃다발을 만들려면 어떻게 해야 하는지 등 을 고민할 것이고, '꽃의 일상화'라면 어떻게 꽃을 더 저렴하게 매입해서 보다 저렴하게 제공할 수 있을지를 고민할 것이다. 어 떤 목적지를 가지고 어떤 전략을 선택했는지에 따라 브랜드의 활동이 완전히 달라지는 것이다.

마케팅 전략은 브랜드의 내비게이션

우리가 목적지로 가기 위해 거쳐야 하는 의사결정 과정에서 길을 잃지 않도록 우리의 목적지, 집중해야 할 서비스, 타깃 고객, 메시지 등을 정리한 것이 마케팅 전략이다. 브랜드마다 상황이 다르고 중요하게 다룰 요소도 다르므로 일정한 포맷이 있는 건 아니지만, 좋은 마케팅 전략은 비즈니스를 리드하며 경험하는 의사결정을 보다 쉽게 하도록 도와준다는 공통점이 있다.

마케팅 전략을 세울 때는 무엇보다 일관성에 유의해야 한다. 타깃 고객의 특성에 기반해서 우리 브랜드가 속한 인더스트리 의 성격을 파악하고, 그에 맞춰 우리가 판매하는 여러 카테고리 중 메인이 될 것을 고르고, 이를 잘 팔기 위한 커뮤니케이션 메시지를 설정하는 일련의 과정들은 전부 동일한 방향성 아래 이뤄져야 한다. 이렇게 마케팅 전략에 부여된 일관성은 이후 활동을 전개하면서 무엇에 더 집중할지, 중단해야 하는 것이 있는지 등을 확인하며 정비하는 데에도 활용된다. 브랜드 홈페이지에 노출되는 문구부터 대규모 캠페인의 메시지까지 모든 내용이 마케팅 전략과 일치해야 하고, 브랜드 방향이 유효한지 주기적인 점검 또한 이뤄져야 한다.

1년 365일 똑같이 행동하는 사람은 없으므로

앞서 비즈니스를 키워나가려면 '계획-실행-리뷰'의 3단계 프로세스를 반복해야 한다고 설명한 바 있다. 이는 마케팅 전략을 실행할 때도 적용되며, 모든 마케팅 활동은 '계획'으로 시작된다. '꽃의 일상화를 위해 2주 간격의 정기구독 서비스에 집중한다'는 마케팅 전략을 설정했다면, 마케팅 액션에서는 어떤 캠페인**을 집행해서 정기구독을 강조할지 등의 계획을 세우는 것이다.

마케팅 전략을 원활하게 실행하려면 연간 플랜이 필요하다. 그런데 왜 '연年' 단위로 계획을 세워야 하는 걸까? 같은 고객이어도 시기에 따라 전혀 다른 행태를 보이기 때문이다. 어떤 고객이 5월과 8월에 각각 꽃을 구매했다고 해보자. 과연 같은 이유

** 하나의 마케팅 메시지를 다양한 채널의 터치포인트에서 이야기하며 공고히 하는 것.

로 꽃을 샀을까? 꽃은 그 특성상 어버이날이 있는 5월에는 '계획 상품'에 속하고 날씨가 무더운 8월에는 '충동 상품'에 속한다. 시기에 따라 고객의 행태와 인더스트리의 특성이 크게 달라지는 것이다. 따라서 꽃을 다루는 마케터는 고객의 달라진 행동 패턴에 맞춰 5월과 8월에 전혀 다른 마케팅 활동을 기획하게 된다. 5월에는 사람들이 꽃(특히 카네이션)을 구매할 확률이 높다. 때문에 무조건 구매한다는 전제 이래 경쟁사보다 우리 상품을 구매하도록 얼리버드 프로모션을 강조하거나 객단가를 높이기 위해 화병과 함께 파는 결합 상품을 제안할 수 있다. 반대로 날이 더운 8월에는 사람들이 꽃을 구매할 생각 자체를 하기 어렵다. 이럴 때는 충동적으로 구매해도 부담스럽지 않은 저렴한 가격대의 상품을 제시함으로써 꽃에 대한 니즈부터 환기시키는 마케팅을 기획할 수 있다.

이처럼 시기에 따라 고객의 행태가 크게 달라지는 인더스트리일수록 시즌별 또는 월별로 판매하는 상품군부터 마케팅 메시지까지 모든 것이 바뀌어야 한다. 계절, 기념일, 국가 행사 등 다양한 이벤트 속에서 변화하는 고객의 행동 패턴 위에서 브랜드의 목적과 목표를 달성해야 한다. 그래서 1년을 계획해야 하는 것이다. 이어서 브랜드 마케터로서 연간 플랜을 짜는 방법을 자세하게 살펴보도록 하자.

브랜드 마케터의 연간 플랜: 실전 편

지난 9년간 다양한 회사를 경험하면서 나는 단계별 연간 플래닝을 접할 수 있었다. 그 과정에서 스스로 연간 플랜을 세우고 실행하는 수준이 어떤 식으로 발전해왔는지 3개의 레벨로 구분해보았다. 이를 공인된 기준이라고 할 수는 없지만 각 레벨을 살펴보며 현재 나는 어떤 수준의 연간 플랜을 구사하고 있는지, 이를 더 발전시키려면 무엇을 보완해야 하는지 살펴보는 잣대로는 활용해봐도 좋겠다.

LEVEL 1: 일정한 목표 아래 큰 그림을 짜는 플래닝

로앤컴퍼니에서 마케터로 일을 처음 시작했을 때는 브랜드의 목적과 목표를 고려해 활동을 계획하거나 고객의 행태를 이해하며 연간 계획을 세운다는 개념 자체가 없었다. 이는 시즌성 seasonality이 두드러지지 않는 법률 시장의 특성 때문이기도 했다. '3월에는 사기 사건이 많이 일어난다', '11월에는 이혼이 줄어든다'처럼 시기에 따라 반복되는 현상이 거의 없었던 것이다. 지금은 외부적인 이벤트가 많지 않은 시장에서도 브랜드가 자체적으로 캠페인을 만들어 연간 플래닝을 해야 한다는 걸 알고 있지만, 당시에는 전체적인 그림을 그리기보다 현재 운영 중인 마케팅 채널들을 어떻게 더 효과적으로 운영할지 퍼포먼스 마케팅 차원에서만 고민했다.

그렇다고 해서 단순히 다양한 채널에 광고를 집행하기만 한 것은 아니다. 목표의 달성을 위해 각 채널이 어떤 역할을 하는지 정의하고(A 채널은 인지도를 높이고, B 채널은 전환율을 높인다 등), 각 채널을 분석하여 목표 달성의 기여도와 필요 예산을 계산하는 등 큰 그림을 그렸다.

이 단계에서는 플랜을 짤 때 '목표 달성'을 최우선에 두었다. 쓸 수 있는 총예산을 각각의 마케팅 채널에 어떻게 배분해야 목표 달성에 최적화될 수 있는지에 집중한 것이다. 그렇다 보니 각 채널별로 역할을 지정하고, 유입·전환·비용 등의 측면에서 최적의 조합을 찾는 데 초점을 맞추게 됐다. 이렇게 세팅을 완료하자 이제 어떤 방식으로 마케팅 활동을 확장해나갈지에 대한 질문들이 생기기 시작했다. 퍼포먼스 마케팅 차원에서는 채널별 러닝을 통해 성장해왔는데, 그다음에는 어떤 파트에서 실력을 키울지, 나아가 브랜딩을 하려면 어떻게 해야 하는지 등의 의문이 생겼다. 이런 질문들이 이어지면서 나는 이직을 하게 됐다.

LEVEL 2: 고객의 행태에 기반한 플래닝

P&G로 이직한 뒤 연간 플랜을 짤 때는 스냅샷처럼 현재 진행 중인 마케팅 채널을 정비하는 것을 넘어서 시즌성을 고려해야 한다는 것을 알게 됐다. 월별로 달라지는 고객의 행태를 계획에 반영하게 된 것이다. 이때 단순히 기념일처럼 외부의 이슈만 활용하는 것이 아니라 신제품 출시나 새로운 캠페인과 같이 브랜드 내부의 마케팅 활동으로 시즌성을 부여할 수도 있다. LEVEL 1에서는 마케팅 활동을 어떻게 효과적으로 보여줄지 '마케팅 채널'만 보았다면, LEVEL 2에서는 마케팅 채널을 집행하기 이전의 단계도 고려해 전략을 짤 수 있게 된 셈이다. 그렇게 계획을 세우고 실행하길 거듭하다 보니 마케팅 활동이 고객 행태에 따라 1년 단위로 반복되는 것처럼 보이지만, 이와 함께 해마다 진행되는 마케팅 활동들이 전년에 비해 성장한다는 것도 자연스레 알 수 있었다.

P&G는 브랜드의 규모가 크다 보니 '하나의 브랜드=하나의 라인업=하나의 캠페인'으로 운영되지 않고, 하나의 브랜드 안에

고객 행태에 시즌성을 부여하는 성장 플랜

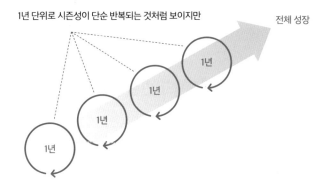

1년 단위로 시즌성이 단순 반복되는 것처럼 보이지만

전체 성장

1년

1년

1년

1년

서도 고객의 니즈에 따라 여러 카테고리가 운영되며, 카테고리별로 주어진 역할과 소구하는 메시지가 세분화되어 다양한 활동들이 동시에 진행됐다. 다우니라는 섬유유연제 브랜드를 예로 들면, 그 브랜드 자체를 성장시키기 위한 활동 외에 라인업이나 시즌별로 다른 활동들이 이루어졌다. 이를테면 고객이 냄새에 민감해지는 여름철에는 향이 강한 라인업의 마케팅을 강조하는 것이다. 이렇게 연 단위로 다양한 마케팅 활동이 진행되는 만큼 전체 브랜드 단위의 캠페인과 개별 카테고리의 캠페인이 일관된 메시지를 전달하며 브랜드의 '○○다움'을 보여주고 있는지 확인하는 것 또한 중요했다.

그렇게 진짜 마케터가 된다

LEVEL 3: 비즈니스 리더로서의 플래닝

시즌성이 반영된 연간 플랜을 계획할 수 있게 됐다면, 이제는 마케터를 넘어서는 고민을 해야 할 때다. 다시 말해 '비즈니스 리더'의 역할을 수행해야 하는 것이다. 상품이 바뀌지 않은 상황에서는 아무리 기발한 마케팅 메시지를 고안해내도 그 결과가 크게 달라지지 않는다. 그보다는 비즈니스 자체가 변화함으로써 전달되는 마케팅 메시지의 임팩트가 크고, 고객의 고충$_{\text{pain point}}$을 해결하는 데도 유효하다. 비즈니스가 가고자 하는 방향을 마케터가 함께 그리면서 단순한 마케팅 계획을 넘어선 '비즈니스 플랜'을 세울 수 있어야 하는 이유가 여기에 있다.

예를 들어 비용이 더 들어도 주문 후 30분 내에 꽃을 배송받고 싶어하는 고객에게 '저렴한 꽃을 내일 만나보세요'라는 메시지를 번뜩이는 아이디어로 전달한들 마케팅 효과가 있을 리 없다. 그래서 마케터는 마케팅 메시지를 만들고 광고를 집행하는 단계를 넘어 필요하다면 비즈니스를 바꾸는 상위 단계의 과정에도 참여할 수 있어야 한다. '주문 후 30분 이내 배송'이라는 니즈를 충족시키려면 어디에 작업장을 마련해야 가장 효과적일지, 어떤 종류의 꽃을 얼마나 확보해야 할지, 이를 위한 투자가 언제 BEP$_{\text{Break-even point}}$(손익분기점)를 넘길지, 성공 여부는 어떻게 측정할지 등에 대한 논의를 이끄는 것부터 해야 할지도 모른다.

이러한 과정이 선행된 다음에 사람들이 흔히 생각하는 마케터의 일, 말하자면 30분 배송을 강조하기 위해 어떤 커뮤니케이션 메시지로 어느 채널을 통해 광고를 집행할지를 결정하게 된다.

그렇게 세워진 연간 플래닝에 맞춰 계획-실행-리뷰의 프로세스가 진행된다. 비즈니스 상황은 계속해서 변화하므로 연간 플랜을 기반으로 하되 새로운 비즈니스 상황을 반영하는 월간 플랜도 필요하다. 지금이 3월이라면 3월의 플랜을 실행하는 동시에 2월을 리뷰하고, 이를 토대로 4월의 플랜을 준비하고 강화해야 한다. 더불어 이번 달의 목표를 달성하지 못할 것이 예상되면 이를 보완하기 위한 추가 플랜도 세운다.

여기서는 월 단위로 이야기했지만 이 또한 브랜드의 상황에 따라 다를 수 있다. 스타트업은 계획을 빠르게 실행할 수 있으므로 월별 플랜을 짜고 확정할 수 있지만(3월에 4월의 플랜을 확정), 계획과 실행의 시간 차이가 큰 경우에는 이런 프로세스가 이뤄지기 어렵다. 이를테면 해외에서 제품을 수입해오는 브랜드는 제품이 도착하는 데 시간이 걸리기 때문에 조금 더 일찍 플랜을 세워야 할 수 있다(3월에 6월의 플랜을 확정).

마케팅 전략을 세우기는 5C-STP-4P 프레임워크로 보면 4P에 해당한다. 우리의 가치를 전하기 위해 어떤 상품을 만들어 어떤 채널에서 얼마에 판매할지, 이를 어떤 프로모션으로 홍보할지

정하는 것이다. 성능 좋은 내비게이션이 있으면 갈림길에서도 쉽게 방향을 잡을 수 있는 것처럼, 잘 설계된 마케팅 전략은 매 순간 명확한 선택을 할 수 있도록 도와준다. 지금까지 마케팅 전략을 세우고 이를 기반으로 마케팅 액션을 계획하는 과정을 살펴보았다. 이번에는 이 마케팅 액션을 고객에게 전달하기 위해 어떤 채널에서 광고를 집행하는지 알아보도록 하자.

높은 ROAS보다
중요한 것

언젠가 다른 브랜드의 마케터와 대화를 나누던 중 이런 이야기를 들은 적이 있다.

"틱톡에 광고를 틀어야 할까요? 요즘 좋은 광고 매체 아는 것 있으시면 추천해주세요."

하지만 마케팅의 세계에는 무조건 좋기만 한 광고 매체도, 미디어 믹스***의 모범답안도 없다. 그래서 나는 이 질문에 답변 대신 다른 질문을 돌려줄 수밖에 없었다. 왜 틱톡 광고를 고려하게 됐는지, 현재 브랜드 인지도를 높여야 하는 상황인지 아니면 구

*** 광고 집행에 앞서 매체별 역할, 타기팅 조건, 예상 노출 수, 예상 매출액, 예상 클릭 수, 비용 등을 계산한 것.

그렇게 진짜 마케터가 된다

매 전환율을 높여야 하는 상황인지 등 브랜드가 처한 현황을 이해하기 위한 질문들이었다.

마케터는 마케팅 전략으로부터 나온 마케팅 액션을 고객에게 전달하기 위해 다양한 광고 채널에 광고를 집행한다. TV부터 SNS, 포털사이트 검색 광고 등 채널의 종류는 무척 다양하다. 이 다양한 채널에 적절한 캠페인 메시지를 노출시킴으로써 우리 브랜드의 캠페인을 더 효과적으로 알리고, 홈페이지로 더 많은 고객을 유입시키고, 더 많은 구매 전환을 일으킬 수 있다.

광고 매체 선정보다 브랜드 현황 진단이 먼저다

어떤 광고 매체를 이용해야 할지(미디어 믹스를 어떻게 짜야 할지) 논의하기 위해서는 우리 브랜드 상황에 대한 진단이 우선되어야 한다. 브랜드의 상황에 따라 적절한 매체가 다르기 때문이다. 예를 들어, 법률 문제를 겪는 사람들이 고객이라서 '이혼을 고민하시나요? 그럼 이 서비스를 이용해보세요'라는 인스타그램 피드 광고를 만들었다고 해보자. 법률 문제를 겪고 있지 않은 사람들에게도 이 광고가 유효할까? 또, 이혼 고민을 겪고 있더라도 기분 전환을 위해 인스타그램을 둘러보던 중 이 광고를 봤다면 좋은 정보로 기억에 남을까?

이처럼 다른 브랜드들이 많이 집행하는 광고 매체라고 해서 우리도 무조건 이용해야 한다는 법칙 같은 것은 없다. 브랜드의 상황이 어떠한지, 타깃 고객은 누구인지, 현재 주어진 과제는 무엇인지 등에 따라 집행할 매체와 투자할 비용이 달라진다. '요즘 어떤 마케팅 채널이 뜬다' 같은 뉴스들을 무시할 것까지는 없지만, 보다 거시적인 관점에서 브랜드의 상황과 광고의 목적 및 원칙을 바라보는 것이 더욱 중요하다.

간혹, 광고를 잘 집행하는 마케터가 좋은 마케터라고 생각하는 사람들이 있다. 이들은 똑같은 매체에 몇 달씩 광고를 집행하는 마케터는 관성적으로 일한다고 평가하고, 그동안 집행해본 적 없지만 효과가 좋을 것 같아 보이는 새로운 매체를 가져오는 마케터는 유능하다고 평가하곤 한다. 하지만 이는 마케터의 일을 '협의'의 범주에서만 본 탓에 발생하는 오해다. 고객의 행동이 변화하지 않았는데 '새로운' 매체의 발굴만 집중하는 것이 과연 적절할까? 진행하는 캠페인의 목적이 바뀌지 않았는데 이전과 전혀 다른 광고를 만들 수 있을까? 마케터는 개별 광고와 그것을 집행할 매체에 몰두하기보다 고객의 니즈가 어디에 있으며 우리가 그것을 어떻게 충족시켜줄 수 있을지를 고민해야 한다.

그렇게 진짜 마케터가 된다

보이지 않는 고객의 여정까지 들여다볼 수 있어야

광고 매체를 고르고 광고를 집행할 때 꼭 언급되는 지표가 ROAS다. 마케팅을 잘 모르더라도 ROAS는 아는 경우가 많아서 마케터에게 "ROAS가 최소 300%는 넘어야 좋은 것 아닌가?" 같은 이야기를 건네기도 한다. 하지만 마케터라면 ROAS 수치 자체에 휘둘려서는 안 된다. ROAS는 들어간 비용 대비 광고로 벌어들인 돈의 비율이기 때문에 ROAS가 크면 좋은 광고라고 생각하기 쉽지만, 숫자가 전부는 아니다. 마케터는 그 숫자 너머에 존재하는 고객의 여정에 대해 생각할 수 있어야 한다.

고객의 구매 행동은 생각보다 복잡한 과정을 거쳐 이뤄진다. 그 여정에는 무척 다양한 경우의 수가 존재하는데, 그중 하나를 예로 들면 다음과 같다. 우선 인스타그램에서 A 브랜드의 광고를 보고 처음으로 그 브랜드를 인지한다. 이어서 인스타그램, 네이버 등에서 상품의 정보나 구매자들의 후기를 살펴본다. 마지

구매를 향한 고객의 여정

막으로 네이버에서 브랜드를 검색하여 브랜드 웹사이트에 방문한 다음 마침내 상품을 구매한다. 그런데 GA에서는 고객이 브랜드 웹사이트에 들어오기 '직전'에 본 광고가 무엇인지만 트래킹할 수 있다. 그러므로 처음 고객에게 브랜드를 알렸던 인스타그램 광고의 고객 유입률은 높지만 구매 전환율은 낮다(브랜드를 인지한 직후라서 웹사이트에 접속했다고 해도 둘러보기만 하고 구매로 이어지시는 잃은 채 이탈될 확률이 높다). 이에 비해 구매 의도를 가지고 브랜드를 검색해서 웹사이트에 방문하는 고객에게 노출되는 네이버 브랜드 검색의 구매 전환율은 높을 수밖에 없다(아예 구매할 생각으로 웹사이트에 들어왔기 때문에 구매로 이어지는 경우가 많다).

이러한 결과만 놓고 보면 처음 브랜드를 인지시켰던 광고의 효과가 구매 직전의 광고보다 낮아 보인다. 이는 올바른 분석이라고 할 수 없다. 광고 효과를 제대로 파악하려면 ROAS뿐 아니라 새로운 고객에게 얼마나 도달했는지, 간접 전환의 영향이 얼마나 되는지 등 다른 지표들도 봐야 한다. 단순히 ROAS가 높은 네이버 검색 광고는 좋은 매체이고 ROAS가 낮은 인스타그램 광고는 나쁜 매체라고 이분법적으로 보는 것은 위험하다. 만약 ROAS만 기준으로 삼아 ROAS가 100% 이하인 광고는 진행하지 않기로 결정한다면 우리 브랜드를 이미 알고 있는 사람들에게만 광고비를 쓰고, 우리 브랜드를 모르는 신규 유저들에게 브랜드를 노출할 기회는 포기하는 셈이 된다. 이러한 결정은 신규

그렇게 진짜 마케터가 된다

유저로부터의 매출액을 감소시키고, 결국 전체 매출액이 줄어드는 상황을 초래한다. 이렇듯 각 매체의 목적을 명확히 설정하지 않고 하나의 지표에만 치중하면 광고를 열심히 집행하면서도 비즈니스를 키워내지는 못할 수 있다.

그래서 우리 브랜드의 상황을 먼저 파악한 다음 광고 매체별로 담당할 역할과 목표를 정의해야 한다. 매체마다 성격이 모두 다른데 하나의 지표로 뭉뚱그려 효과를 평가할 수는 없다. 이 매체를 통해 브랜드 인지도를 높일 것인지, 구매 전환을 일으킬 것인지 역할과 목표를 부여한다. 브랜드 인지도를 높이기 위한 광고를 집행한다면 새로운 유저들에게 광고가 얼마나 노출되고 있는지, 브랜드 웹사이트로 유입되는 신규 트래픽을 얼마나 되는지, 간접 전환은 얼마나 이뤄지고 있는지 등을 지표로 평가하면서 매체를 관리해야 한다. 마케터는 비즈니스를 리드할 때는 선택과 집중을 위해 하나의 지표OMTM에 초점을 맞춰야 하지만, 미디어 믹스처럼 다양한 성격의 매체들을 조합해 운영할 때는 각 매체의 성격에 따라 지표들을 구분해 살필 수 있어야 한다. 나아가 진행하는 마케팅 캠페인을 홍보하기 위한 매체, 캠페인을 구매로 이어지게 하기 위한 매체 등 매체의 목적에 따라 쪼개어 운용하는 것 역시 중요하다.

따라서 광고 매체를 선택하고 집행함에 있어 '요즘 뜨는 매체인가' 혹은 'ROAS가 높은 매체인가?'라는 질문으로 접근하는 것은 위험할 수 있다. 브랜드의 상황, 광고의 목적, 매체의 성격과 역할 등을 다각도로 고민해야 한다. 앞으로는 '어디에 광고를 트는 게 좋을까?' 대신 '우리가 광고를 집행하는 본질적 이유는 무엇일까?'라는 질문을 던져보자.

마케터는
프로젝트 매니저다

"디자인팀이 다른 프로젝트로 너무 바빠서 우리 것까지 맡기는
어렵다는데요?"

"사은품에 바코드가 없어서 입고가 안 되고 있다는데요?"

"공장에 불이 나서 론칭 일정을 맞출 수 없다는데요?"

마케터로 일하다 보면 위와 같은 상황들을 종종 맞닥뜨리게 된
다. 앞서 마케팅 계획을 잘 세우는 것에 대해 이야기했는데, 플
랜이 중요한 것은 결국 '실행'을 탄탄하게 하기 위해서다. 아무
리 원대한 목적을 가지고 멋들어진 마케팅 활동을 생각해낸다
고 해도, 프로젝트를 진행하며 벌어지는 각종 돌발상황에 제대
로 대처하지 못한다면 실행에 실패하고 만다. 실제로 P&G에서
는 실행을 잘하는 것을 'Execution Excellence(탁월한 실행)'라고

따로 지칭할 만큼 중요시했다. 마케터의 일이란 그럴싸한 문서 작업이 아니라 무조건 일이 되도록 하는(make it happen) 것이다. 보고서에 적힌 일목요연하고 치밀한 계획을 현실의 결과물로 만들기 위해서는 원칙을 세우는 중심 잡기와 몇 수 앞을 내다보는 준비성, 협업을 이끄는 커뮤니케이션 능력이 필요하다.

열심히 짠 마케팅 플랜, '잘' 실행하는 법

브랜드를 성장시키기 위해 마케터가 세운 플랜들은 혼자서 실행할 수 있는 것이 아니다. 마케터는 다양한 직무의 사람들과 함께 일하며 각 프로젝트의 PM_{Project Manager} 역할을 맡는다. 마케팅 캠페인 하나를 진행하더라도 서플라이팀과 논의해 재고가 충분한지 확인해야 하고, 디자인팀에 기획전 이벤트 페이지 제작을 요청해야 하고, 개발팀이 캠페인에 필요한 기능을 개발하도록 해야 한다. 만약 이커머스 플랫폼에서 캠페인과 연계된 행사를 진행한다면 일정에 맞춰 담당 MD에게 관련 자료를 전달하기도 해야 한다. 이와 같이 하나의 플랜을 집행하는데도 여러 부서와 직원들 간의 협업이 필수다. 마케터는 프로젝트 매니저로서 이들을 리드하면서 전체 프로그램을 이해하고 책임을 져야 한다.

실행을 '잘'한다는 것은 각 플랜의 목적과 목표에 기반해 프로젝트를 이끌어가면서 변수가 발생할 경우 이를 컨트롤하여 원래의 계획대로 결과물을 만들어내는 것이다. 나아가 함께 일하는 구성원들이 만족스럽게 일을 끝내는 것까지 포함된다. 그렇다면 좋은 프로젝트 매니저에게는 어떤 역량이 필요할까?

첫째, 원칙을 제시하고 이에 따라 일관된 모습을 보여야 한다
모든 마케팅 플랜을 아우르는 상위의 목적은 '브랜드의 성장'이다. 따라서 프로젝트 매니저는 브랜드의 성장에 있어 이 프로젝트를 수행해야 하는 목적과 목표가 무엇인지 명확히 정의해서 구성원들에게 공유해야 한다. 이는 프로젝트가 진행되는 내내 모두가 따라야 하는 원칙이 된다. 이때 원칙은 실행 단계에서 갑자기 만드는 것이 아니라 계획 단계에서 논의되어야 한다.

앞서 예시로 들었던 꾸까의 '회원가입 시 볼펜 증정' 프로젝트를 활용해 좀 더 자세히 알아보자. 이 프로젝트는 꽃에 대한 니즈가 높지 않은 여름철에 구매를 유도하기보다 상대적으로 허들이 낮은 회원가입을 이끌어내기 위해 고안됐다. 당장의 매출을 높이는 대신 신규 유저를 확보하여 이후 꽃에 대한 니즈가 높아지는 시즌에 넓어진 고객 풀을 활용하는 쪽으로 전략을 세운 것이다. 이처럼 비즈니스 아이템으로서 꽃의 특성과 그에 따른 고객 행동에 기반한 '회원가입 시 볼펜 증정 프로젝트'의 목적은 '신규 유저 모집'이다. 동시에 '신규 회원 ○만 명 모집'이라는 구체적인 목표를 플랜 단계에서 설정했다. 이렇게 목적과 목표를 명확히 해두면 프로젝트를 진행하면서 생겨나는 질문들이 간단하게 해결된다.

· 배송비를 우리가 부담해야 할까?
→ 볼펜은 회원가입을 유도하기 위한 사은품으로, 고객이 배송비를 부담해야 한다면 회원가입으로의 전환율이 떨어질 수 있다. 배송비를 우리가 부담하는 것이 좋겠으니 이를 최소화할 수 있는 방법을 찾아보자.

· 어떤 메시지와 함께 볼펜을 증정해야 할까?
→ 볼펜을 받는 사람은 그동안 꾸까를 몰랐던 신규 고객이다. 꾸까를 소개하는 문구를 함께 보내자.

· 기존 고객이 꽃을 구매할 때 볼펜을 추가 구매할 수 있게 해도 될까?
→ 이번 사은품의 목적은 '신규 유저 모집'이지 객단가를 높이기 위해 제작된 것이 아니다. 원칙적으로는 불가능하도록 해야 한다.

목적과 목표에 기반한 원칙이 분명하게 제시되면 프로젝트 매니저로서 일을 '일관되게' 진행할 수 있다. 구성원들은 이를 바라보며 프로젝트 매니저의 의사결정을 예측할 수 있게 된다. 프로젝트를 리드하다 보면 질문이나 문제가 생길 때마다 구성원들이 나만 쳐다보는 상황이 종종 일어나는데, 그럴 때마다 매번 새롭게 생각하고 결정한다면 업무의 효율성이 현저히 떨어지고 만다. 플랜 단계에서 설정한 목적과 목표, 원칙에 맞춰 결정을 내리면서 필요할 경우 수정과 보완을 거치는 것이 훨씬 효율적이고 구성원들로 하여금 안정적으로 일할 수 있게 해준다.

가끔 갑자기 떠오른 아이디어를 당장 실행해야 한다며 구성원들에게 말 그대로 '투척'하는 프로젝트 매니저들도 있다. 이런 방식은 무조건 지양해야 한다. 갑자기 떠오른 아이디어는 목적과 목표가 부재하는 경우가 많고, 의사결정의 기준이 없으니 변수가 생길 때마다 프로젝트 매니저가 나서서 직접 결정해야 하는 상황이 벌어지기 때문이다. 그러다 보면 중간에 말이 바뀌기 쉽고 전체 프로젝트의 방향성 자체가 흔들리기도 한다. 이는 곧 구성원들이 여러 번 일을 해야 한다는 뜻이다.

또한 마케터는 동시에 여러 프로젝트를 진행하게 되는데, 이 프로젝트들의 우선순위도 정해둬야 한다. 하나의 프로젝트 내의 원칙뿐 아니라 내가 맡고 있는 모든 프로젝트들 사이의 원칙도 세워야 한다는 것이다. 플랜이 복잡해지고 서로 다른 플랜들이 겹치다 보면 달성해야 하는 목표와 이를 위해 확인해야 할 지표들이 늘어난다. 이들이 서로 충돌한다면 어떻게 할 것인가? 투자할 수 있는 리소스(예산, 인력, 시간 등)는 제한되어 있는데, 어느 프로젝트도 소홀히 할 수는 없으니 난감하기 그지없다. 이를 해결할 수 있는 것 역시 명확한 원칙이다.

'목표 매출 달성'이라는 큰 목표가 주어졌다고 해보자. '매출액=고객 수×객단가×빈도'라는 공식에 따라 신규 유저 확보를 위한 A 프로젝트, 객단가 사이즈를 늘리는 B 프로젝트, 빈도 수를 높이는 C 프로젝트 중 무엇에 집중할지 결정한다. 이때도 기준은 각 프로젝트의 목적이다. 우선, 목적이 비슷한 프로젝트들끼리 묶어 단순화하거나 목적이 불분명한 프로젝트를 중단하여 프로젝트 목록을 정돈한다. 그다음 데이터에 기반하여 우선순위를 정한다. 가령, 신규 유저의 수가 목표 매출 달성에 가장 큰 영향을 미치는 상황이라면 A 프로젝트에 집중하는 것이다. 나아가 'A와 B 프로젝트만 진행할 경우 목표의 90%를 달성할 수 있으니 이번 달에는 두 프로젝트에 집중하되, B의 효과를 높이는 쪽으로 조정해 전체 목표를 달성한다', 'C 프로젝트는 필요한 시간과 노력에 비해 벌어들일 수 있는 수익이 적으므로 진행하지 않는다'와 같이 전반적인 전략을 세울 수 있다. 이 과정에서 프로젝트 매니저는 다음의 세 가지 원칙을 만들어내게 된다.

· 프로젝트의 목적부터 검토하고, 목적이 명확한 프로젝트만 집중하여 한정된 리소스를 효율적으로 활용한다.

· 목표 매출 달성에 기여도가 높은(비즈니스 임팩트가 큰) 순서로 프로젝트의 우선순위를 정한다.

· 아웃풋 대비 인풋이 너무 클 경우 그 프로젝트는 진행하지 않는다.

물론, 이 원칙들은 브랜드의 상황에 따라 달라질 수 있다. 신규 유저 모집이 목표 매출 달성보다 중요한 상황이라면 '신규 유저 모집에 기여도가 높은 프로젝트를 우선한다', '아웃풋 대비 인풋이 크더라도 신규 유저를 많이 확보할 수 있다면 진행한다' 등의 원칙을 세울 수 있는 것이다. 원칙이 분명하면 'A와 B의 일정이 겹치면 어떡하지?'와 같은 세부적인 질문들은 자동으로 해결된다. 이미 '비즈니스 임팩트가 클수록 우선한다'라는 원칙이 마련되어 있으므로 'A와 B의 일정이 겹치면 무조건 A를 우선시한다', '혹시 B를 진행할 수 없어도 A에서 전체 목표의 ○○%까지 커버할 수 있으므로 괜찮다' 등의 판단이 가능하다.

둘째, 큰 그림을 그리며 몇 수 앞을 내다볼 수 있어야 한다

'실행을 잘한다'는 말을 달리 표현하면 '정해진 일정에 맞춰 원하는 결과를 만들어낸다'라고 할 수 있다. 그러려면 결과를 미리 그려보고 프로젝트의 각 단계에 무엇이 필요할지 대비해서 전체 스케줄을 관리할 수 있어야 한다. 이를 '선제적 사고forward thinking'라고 한다.

P&G에 다니던 시절, 제품의 판매 촉진을 위해 사은품으로 담요를 증정하기로 했던 적이 있다. 사은품을 발송하려면 물류 창고에서 담요 재고를 관리할 수 있도록 바코드가 필요했다. 그런데 사은품 진행이 처음이었던 나는 이 부분까지 마케터가 담

당해야 하는 줄 미처 몰랐다. 다른 부분은 빼놓지 않고 살폈는데, 정작 프로모션의 핵심인 사은품에 바코드가 없어 큰 혼란이 벌어질 위기에 처한 것이다. 부랴부랴 바코드 제작 업체를 찾아 컨택하고, 바코드 부착 작업을 요청하는 등 일정 내에 상황을 수습하느라 밤을 지새웠던 기억이 난다. 이처럼 프로젝트 매니저인 마케터가 전체 단계에서 무언가를 놓치는 순간, 전체 일정이 밀러버리거나 일정에 맞추기 위해 누군가 고생을 하게 된다.

프로젝트가 잘 수행되게 하는 선제적 사고를 넘어, 프로젝트가 성공했을 때 혹은 실패했을 때를 고려하는 선제적 사고도 필요하다. 프로젝트가 성공적이라면, 포털사이트에서 우리 브랜드를 검색하는 양이 늘어날 테니 네이버의 브랜드 검색 광고를 미리 구매해둔다든지(네이버 브랜드 검색 광고는 최근 3개월의 평균 검색량을 기준으로 비용이 달라지고, 최대 3개월치를 미리 구매해둘 수 있다), 웹사이트 유입량이 갑자기 늘어날 수 있으니 개발팀에 서버 증축을 미리 요청해두는 등의 준비를 할 수 있다. 반대로 프로젝트에 실패했을 경우에는 목표 달성이 어려워져 재고가 많아질 수 있으므로 이를 정리하기 위한 계획이 필요하다. 프로젝트 실행에 앞서 마케터가 세세하고 촘촘하게 고민해둘수록 변수가 줄어들고 대처가 쉬워지며, 안정적으로 비즈니스를 운영할 수 있다. 가능한 모든 요소들을 고려해서 문제가 일어나더라도 예상한 범위 내에서 일어날 수 있게 해야 한다.

그렇게 진짜 마케터가 된다

셋째, 다양한 방향으로 끊임없이 커뮤니케이션한다

앞서 언급했듯이 하나의 프로젝트를 실행하려면 다양한 직무의 사람들이 함께해야 한다. 이들과 잘 협업하여 일이 원활하게 흘러갈 수 있도록 하는 것 역시 프로젝트 매니저의 능력이다. 먼저 이들이 각자 소속된 팀이 있다는 것에 유의해야 한다. 각 팀에서 우리 프로젝트를 중요한 프로젝트라고 여기고 있어야 일정이 밀리거나 엉키지 않고 원활하게 진행될 수 있기 때문이다. 그러려면 각 팀에 대해 파악하고 있어야 한다. 현재 디자인팀에게 주어진 가장 큰 과제는 무엇인지, 개발팀의 OKR이 무엇인지 등을 알고 커뮤니케이션하는 것과 그렇지 않은 것에는 큰 차이가 있다. 더불어 프로젝트 구성원들이 겪고 있는 문제를 빠르게 확인해서 계속 해결해줘야 한다.

뿐만 아니라 회사 차원에서 진행되고 있거나 진행될 예정인 여러 프로젝트들 중 내가 맡은 프로젝트를 중요하게 여기게 만드는 것도 중요하다. 개인적으로는 회사에서 가장 중요시하는 방향성과 우리 프로젝트가 관련 있음을 인지시키는 방법이 효과적이었다. 회사에서 중요한 프로젝트라고 인지하면 참여하는 구성원들이 더 집중하는 데에도, 제한된 리소스를 할당받는 데에도 유리한 측면이 있다.

마지막으로, 회사의 의사결정을 쥐고 있는 분들과도 프로젝트의 진행 상황을 공유해야 한다. 막히는 부분이 있다면 도움을 구하고, 일을 잘하는 구성원이 있다면 이를 알리기도 하면서 말이다. 그러다 보면 생각지 못한 아이디어나 해결책을 얻어 더욱 성공적으로 프로젝트를 실행할 수 있다. 혹여 일이 잘 풀리지 않더라도 진행하는 내내 충분한 공유가 이뤄졌기 때문에 단지 담당 마케터의 잘못으로 그치지 않고, 그의 상급자도 함께 고민했지만 해결할 수 없었던 비즈니스 문제로 바라보며 보다 심층적인 치원에서 리뷰할 수 있다. 마케팅 프로젝트는 매니저 혼자 쥐고 있는 것이 아니라 관계된 구성원 모두가 함께 만들어나가는 것이다.

프로젝트 매니저는 우리가 왜 이 일을 해야 하는지 늘 고민하며 구성원들이 굳이 하지 않아도 되는 일을 하지 않게 하고, 비즈니스에 임팩트를 줄 수 있는 일에 집중할 수 있도록 이끌어야 한다. 프로젝트 매니저의 잘못된 판단으로 잘못된 지시가 내려지면 함께 일하는 모두가 괴롭다는 사실을 잊지 말자. 그렇다고 해서 누군가를 리드한다는 생각만 가져서도 안 된다. 때때로 프로젝트 매니저는 모두가 하기 싫어하는 일을 해야 하기도 한다. 내 직무와 직접적인 관련이 없어 보여도 일이 되게 하기 위해 무조건 뛰어들어야 할 때도 있다. 사은품의 바코드 업체를 찾아서 컨택하고 부착 작업을 챙기는 일은 업무만으로 보면 마케터의 일이라고 생각하기 어렵지만, 목표 매출 달성이라는 나의 목표를 위해 무조건 수행해내야 했던 것처럼 말이다.

그렇게 진짜 마케터가 된다

실행은 매일매일 이뤄져야 한다

마케터에게 주어진 가장 궁극적인 목표는 '목표 매출 달성'이다. 그러므로 프로젝트를 맡아서 리드하면서도 그 프로젝트 자체의 목표만 살피지 말고 목표 매출을 달성하기 위해 세웠던 상위의 플랜들이 계획대로 진행되고 있는지도 계속 체크해야 한다. 연간 목표를 위한 월간 목표, 월간 목표를 위한 일일 목표를 향해 잘 나아가고 있는지, 혹시 보완할 부분을 없는지 매일매일 검토하는 것이다. 나의 경우 출근하면 제일 먼저 전날의 매출액부터 살피고, 월간 목표의 달성률을 확인한다. 만약 이번 달 목표 매출액이 1억 원이고, 오늘이 15일이라면 그 달의 절반이 된 셈이므로 목표 매출의 50%인 5,000만 원이 달성되어 있어야 한다. 프로젝트 단위로도 계획들이 매끄럽게 진행되고 있는지 일 단위로 살펴본다. 예상했던 것보다 높은 성과를 내고 있다면 그 이유를 파악해서 더욱 강화하고, 부족한 부분이 있다면 이를 어떻게 보강해야 목표를 이룰 수 있는지 방법을 모색한다.

사실 마케터가 플랜을 실행하며 해내야 하는 일 중에는 계획했던 것보다 예상하지 못했던 것이 더 많다. 매일같이 터지는 이슈들을 그때그때 처리하다 보면 원래 플랜이 무엇이었는지 생각나지 않을 때도 있다. 그만큼 현장에서 부딪히며 해야 하는 일들이 많다는 이야기다. 마케터는 다양한 마케팅 플랜을 실행해나감에 있어 장기적 관점에서는 일관된 메시지로 브랜드를 성장시키는 데 주력하고, 단기적 관점에서는 '무조건 일이 되게 하는' 현실 감각과 순발력으로 비즈니스 매니징에 집중해야 한다. 그러기 위해서는 큰 그림을 볼 줄 아는 넓은 시야와 모든 경우의 수를 미리 계산하고 대비하는 꼼꼼함, 동시에 현실에 두 발을 딱 붙이고 변수들을 핸들링하는 균형 감각이 필요하다.

"Keep your eyes on the stars, and your feet on the ground(눈은 별을 바라보되, 발은 땅에 두어라)."

－시어도어 루즈벨트Theodore Roosevelt

목적과 목표를 모두 관리하며 매일의 실행을 거듭하면서 나는 종종 루즈벨트 대통령이 했다는 이 말을 곱씹고는 했다. 내 눈은 브랜드 방향성에 두되, 목표도 함께 이루기 위해서는 현재 비즈니스에서 일어나는 매일의 일들에서 발을 떼어서는 안 됐다. 보통 주니어 마케터들이 처음 프로젝트를 리드하게 되면 플랜은 플랜대로, 실행은 실행대로 움직일 때가 많다. 원칙이 없으니 무엇을 받아들이고 무엇을 무시해야 할지 모르기도 하고, 구성원들 사이에서 이리저리 휘둘리기도 하고, 예상하지 못한 변수 때문에 곤란을 겪기도 한다. 그렇지만 이 역시 경험이 쌓이는 과정임을 기억하자. 차곡차곡 쌓인 경험은 곧 실력이 된다.

대행사와
제대로 일하는 법

P&G에 입사해서 처음 참석했던 대행사 미팅이 아직도 생생하다. 미팅에 참석한 대행사 직원들이 모두 나만 바라보며 의견을 달라고 해서 무척 막막했다(P&G에서는 첫날부터 비즈니스 리딩에 바로 투입된다). 이런 상황에서 마케터는 클라이언트로서 어떤 의견을 내야 할까?

마케터가 일을 실행해나감에 있어 떼어놓을 수 없는 것 중 하나가 대행사다. 인하우스 마케터는 브랜드를 키우기 위한 모든 일을 담당한다. 초기에는 혼자서 앞단의 전략부터 뒷단의 광고 세팅까지 전부 진행할 수 있을지 몰라도 브랜드가 성장하며 업무의 스콥이 넓어지면 그럴 수 없다. 이때 대행사와 함께 일하면 마케터는 마케팅 전략 설계와 목표 매출 달성 같은 비즈니스 리딩 업무에 집중할 수 있다. 프로젝트의 담당 마케터가 확정된 플랜을 대행사에 공유하면 그 메시지를 고객에게 어떻게 전달할지, 이를 어떤 광고로 구성할지, 어떤 매체를 통해 광고를 송출할지 등 'How'에 해당하는 부분은 대행사가 수행한다.

우리 브랜드와 잘 맞는 대행사는 따로 있다

대행사라는 이름으로 통칭되기는 하지만, 대행사에도 다양한 형태가 있고 대행사마다 특화된 분야도 다르다. 이를 잘 모르는 상태에서 대행사와 협업하게 되면 여러 시행착오를 겪거나 심하게는 프로젝트 자체가 무산될 수도 있다. 우리 브랜드가 속한 인더스트리와 PLC를 고려해 적절한 대행사와 컨택해야 한다.

나는 그동안 다양한 인더스트리와 PLC의 브랜드를 경험한 만큼 다양한 종류의 대행사와도 일해왔다. 법률 스타트업에 다닐 때는 '자사 웹사이트 내 상담글 수 늘리기'처럼 하나의 지표만 목표로 삼는 광고를 주로 맡았기 때문에 그 자체에만 집중할 수 있었다. 그래서 굳이 대행사와 일할 필요가 없었고, 마케팅팀 내에서 모든 것을 세팅했다. 예를 들어 네이버 검색 광고를 집행할 때는 어떤 키워드를 얼마에 구매할지, 어떤 키워드들을 그룹화해서 관리해야 할지 등을 직접 결정했다. 이런 경험은 추후 대행사와 협업하는 데 큰 도움이 됐다.

여러 유통 채널을 통해 마케팅 활동을 전개하며 '목표 매출 달성'이라는 과제를 수행해야 하는 P&G에서는 광고 집행보다는 그 앞단의 비즈니스 리딩이 더 중요했다. 인하우스 마케터는 각 유통 채널별로 어떤 상품들을 배치하여 어떻게 관리할지와 같은 고민들에 많은 시간을 투자했고, 광고의 세팅과 제작, 송출 등은 모두 대행사에서 진행했다. 대행사가 맡는 업무의 범위가 넓다 보니 자연히 다수의 대행사가 나눠서 담당했다. 미디어 믹스를 설계하는 대행사, 광고 크리에이티브를 만드는 대행사, 이커머스 플랫폼에 노출시킬 콘텐츠를 제작하는 대행사, 오프라인 매대를 제작하는 대행사, 고객 설문조사를 진행하는 대행사 등 정말 다양한 대행사가 존재한다는 것을 이때 알게 됐다.

마지막으로, 꾸까에서는 퍼포먼스 마케팅 대행사처럼 디지털 광고 집행을 전문적으로 다루는 대행사와 일했다. 자체 웹사이트를 통해 디지털 마케팅에 필요한 정보를 모두 확보할 수 있어 이를 활용하여 마케팅 활동을 제안하는 대행사와 일한 것이다.

모든 것은 브리프에서 시작된다

그렇다면 대행사와는 어떻게 일해야 할까? 대행사의 종류는 다양하지만 기본적으로 클라이언트와 대행사가 일하는 방식은 동일하다. 먼저, 내부적으로 정리했던 것처럼 대행사에게도 우리 브랜드의 방향성과 원칙을 공유해야 한다. 우리 비즈니스에 대한 이해가 선행되어야 대행사도 시행착오를 덜 겪고, 요청한 업무에 그들의 노하우를 접목시켜 더 좋은 결과물을 그릴 수 있기 때문이다. 이렇게 함께 일할 수 있는 환경을 조성했다면 '브리프brief'를 통해 대행사에 기대하는 것이 무엇인지 구체적으로 전달한다. 대행사는 이를 바탕으로 어떤 'How'를 그려나갈지 계획하고, 그에 따라 정확하게 실행하고, 이를 리뷰하는 순서로 프로젝트를 진행한다. 그렇다. 마케터와 일하는 방식과 동일하다. 마케터가 '지도를 스스로 그리며 항해하는 사람'이라면 브리프는 대행사를 위한 지도라고 볼 수 있다.

대행사와의 협업에서는 브리프가 핵심이라고 해도 과언이 아니다. 브리프를 어떻게 제공하느냐에 따라 결과물이 완전히 달라지기도 한다. P&G에는 주니어 마케터들을 위한 교육 프로그램이 갖춰져 있는데, 이 교육에서도 브리프의 중요성을 강조했다. 당시 브리프에 따라 키 비주얼Key Visual, KV이 완전히 달라진 예시로 세계적인 블록 장난감 브랜드 레고lego의 케이스를 들었던 것이 기억난다. 동일한 프로젝트였음에도 브리프에서 광고의 목적을 '판매 촉진' 정도로 제시한 경우과 '레고로 아이들의 창의력을 키울 수 있다는 것을 알린다'와 같이 구체적으로 제시한 경우의 결과물이 전혀 달랐다. 하나는 평범한 장난감 광고의 KV였고, 다른 하나는 파란 배경에 작은 레고 블록 하나를 올려 바다 밑의 잠수함을 상상하게 만드는 KV였다. 이를 통해 대행사가 가져온 결과물이 만족스럽지 않다면 그것은 브리프를 제대로 전달하지 않은 클라이언트의 문제라는 것도 배울 수 있었다.

P&G에는 '광고 촬영 현장에 방문하지 않는다'라는 룰이 있다. 많은 기업들이 광고 촬영 시 클라이언트로서 방문하는 것을 당연하게 여기는 것을 생각하면 조금 독특하다. 이 역시 브리프를 중요시하는 P&G의 문화가 반영된 것이다. 촬영 현장에서는 대행사가 메인이 되어 리드해야 하는데 클라이언트가 나타나 갑자기 새로운 아이디어를 내거나 중간중간 코칭을 하면 방향성이 흔들릴 수 있다. 또한 클라이언트가 정확한 브리프를 제공하고 대행사가 이를 충분히 이해했다면 추가적인 아이디어나 코칭이 필요하지 않다. 그래서 P&G는 브리프 단계를 철저히 하고 실행 단계에서는 대행사를 믿고 가는 방법을 택한 것이다.

더불어 "알아서 예쁘게 잘 만들어주세요", "세련되면서도 중후하고, 대중적이면서도 새롭게 해주세요" 등등 클라이언트의 모호하고 이중적인 인풋들이 온라인상에서 종종 우스갯소리로 회자되곤 하는데, 실제 업무에서 이런 인풋은 금물이다. 브리프는 우리 브랜드가 해결해야 하는 과제를 명확하게 전달하고 대행사가 자유롭게 상상할 수 있는 바운더리를 정해주는 것이다 (대행사의 종류나 프로젝트의 성격에 따라 브리프에 포함되는 내용이 다를 수는 있다). 그렇지 않으면 대행사는 '이게 클라이언트의 마음에 들까?'라는 잘못된 질문 속에서 일하게 된다.

그렇다면 브리프에 기본적으로 들어가야 하는 내용들에 대해 조금 더 살펴보자. 우선 광고를 만들거나 집행하려는 목적을 공유해야 한다. 이때 목적을 표현하는 단어들은 브랜드 내부에서만 통용되는 것이 아니라 대행사가 이해할 수 있는, 고객과 관련된 것이어야 한다. 이를테면 '브랜드의 성장을 위한 신규 카테고리 확장'처럼 말이다. 목적에 따라 광고의 형태나 타깃 등이 달라지기 때문에 명확한 방향 제시가 필요하다. 또한 이번 프로젝트의 타깃 고객에 대한 구체적인 설명도 포함되어야 한다. 그래야 고객의 행동이나 고충에 기반해서 광고를 통해 해결하고자 하는 과제 역시 제시할 수 있다.

나아가 브랜드 자체가 가지고 있는 과제 역시 공유해야 한다. 고객에게 새롭게 기대하는 행동이 무엇인지, 이를 어떤 문제가 방해하고 있는지, 고객의 행동이나 마인드셋에 어떤 변화가 생기길 원하는지 등을 설명하는 것이다. 빨래할 때 냄새 관련 고민을 가지고 있는 고객을 대상으로 섬유유연제 광고를 만든다고 해보자. 이때 대상 고객이 섬유유연제가 무엇인지 알고 있는지 아니면 모르고 있는지, 알고 있다면 왜 사용하지 않는지 등 그 상황에 따라 광고에서 풀어내야 할 내용이 달라진다. 만약 섬유유연제가 무엇인지 모르는 고객을 대상으로 한다면 세탁 세제를 사용한 다음에 섬유유연제를 써야 한다는 기본적인 사항부터 학습시키는 것이 광고의 과제가 될 것이다.

하지만 브리프 작성에서 가장 중요한 것은 브랜드의 방향성에 기반해야 한다는 것이다. 대행사에 요구하는 과제들은 갑자기 튀어나온 것이 아니라 브랜드의 최종 목적을 달성하기 위한 과정이다. 따라서 대행사가 브랜드의 방향성을 알고 있어야만 적절한 결과물이 나올 수 있다.

대행사가 결과물을 가져와 피드백을 전달해야 할 때도 브리프가 기준이 된다. 브리프에서 정의한 목적과 목표가 결과물에서 제대로 구현됐는지, 대행사는 어떤 의도로 이런 방식을 택했는지 체크하는 것이다. '이 색깔은 별로인 것 같다'라는 식의 주관적인 인풋은 큰 의미가 없다. '브리프에서 공유했던 고객의 특성을 고려해서 이 부분을 수정하는 것이 좋겠다', '브리프에서 강조했던 키워드가 두드러지지 않은 것 같다' 등의 피드백이 오가야 효율적인 커뮤니케이션이 가능하다.

마케터는 혼자서 일할 수 없다. 그런 마케터에게 업무 호흡이 잘 맞는 대행사만큼 든든한 파트너도 없을 것이다. 하지만 호흡이란 한 번에 맞기가 쉽지 않은 법이다. 브랜드의 방향성과 프로젝트의 목적 및 목표를 명확하게 공유하고, 함께 풀어나가야 할 과제에 대해 충분한 대화를 나누며 꾸준히 합을 맞춰나가야 한다. 그렇게 차근차근 합을 맞추면 대행사의 결과물에도 우리의 메시지가 일관된 컬러로 잘 표현될 수 있을 것이다.

마케팅을 잘하려면
숫자를 볼 줄 알아야 하나요?

마케터가 톡톡 튀는 아이디어를 생각해내는 직업이라고 오해하는 사람들이 많은 만큼, 마케터가 다양한 숫자를 다룬다고 하면 놀라는 사람들도 많다. 마케터는 비즈니스를 리드하는 역할을 담당하기 때문에 의사결정을 내려야 하는 일이 많고, 그 의사결정을 잘 내리기 위해 숫자를 봐야만 한다.

마케터가 숫자를 보는 세 가지 방법

마케터가 봐야 하는 숫자들은 대체로 브랜드의 목적과 목표를 달성하기 위해 필요한 것들이다. 물론, 회사의 문화나 PLC에 따라 마케터가 숫자를 보지 않기도 하고, 전체 비즈니스를 위한 숫자가 아닌 광고 지표처럼 작은 것들만 다루게 되는 경우도 있다.

하지만 비즈니스 리더로서 일하는 것이 목표라면, 당장 쓸 일이 없더라도 전체적인 숫자를 보는 방법을 알아두는 것이 좋다. 여기서는 마케터로서 숫자를 보는 기본적인 방법 세 가지를 이야기해보려 한다.

① 기준이 되는 숫자들은 모두 외울 것

P&G에는 브랜드나 프로젝트를 맡게 되는 첫날부터 담당자가 비즈니스를 리드하는 문화가 있다. 그래서 담당 브랜드가 바뀌면 새로운 브랜드에 최대한 빨리 적응해야 했다. 이때 나와 동료들 모두가 밤을 새워가며 제일 먼저 했던 일이 있는데, 다름 아닌 그 브랜드와 관련된 수치들을 전부 외우는 것이었다. 최근 몇 년간의 매출액, 마켓 셰어, 카테고리별 비중, 경쟁사 데이터 등등 말 그대로 모든 숫자들을 달달 외웠다. '이게 무슨 무식한 방법인가' 싶겠지만, 마케터가 숫자를 보는 데 있어 암기는 기본 중의 기본이다. '의사결정의 기준'을 만들기 위해 꼭 필요한 베이스이기 때문이다. 오늘의 매출액이 100만 원이라고 했을 때 기준으로 삼을 숫자가 없다면 이 액수가 많은지 적은지 판단할 수 없다. 하지만 평균 매출액이 200만 원이라는 걸 알고 있다면 어떨까? 매출이 떨어졌음을 즉시 캐치하여 그 원인을 찾고 대책을 마련하는 업무로 연결할 수 있다.

비즈니스의 특성과 PLC에 따라 베이스가 되는 숫자들의 목록이 다르다. 평생 1번 살까 말까 한 상품과 매일 쓰는 생활용품의 재구매 주기는 다를 수밖에 없다. 따라서 우리 카테고리가 어떤 특징을 지니는지 이해하고, 카테고리 및 브랜드와 관련해 중요하게 봐야 할 숫자들을 리스트업하고 모두 외우되, 왜 그런 수치가 나왔고 변화 추이는 어떠한지 등에 대해 끊임없이 질문해야 한다.

② 필요와 용도에 따라 숫자를 쪼개서 볼 것

평소의 매출액이 50만 원이었는데 오늘은 100만 원을 벌었다고 해보자. 무조건 좋은 일일까? 이를 판단하려면 카테고리별로, 상품별로 숫자를 쪼개어 봐야 한다. 그래야 그 숫자의 의미를 정확하게 알 수 있기 때문이다. 예를 들어보자. 우리 브랜드에서 A와 B라는 두 가지 상품을 판매하는데, 첫째 날에는 50만 원을 벌었고 둘째 날에는 그 2배인 100만 원을 벌었다. 총매출이 늘었으니 긍정적으로 평가할 수 있지만, 숫자를 쪼개면 정말로 잘하기만 했는지 아니면 부족한 부분이 있었는지 확인할 수 있다. 오른쪽의 표는 이틀간의 판매를 상품별로 쪼개어 정리한 것이다. 이를 보면 A는 첫날의 절반밖에 팔리지 않았고, B는 첫날의 8배가 팔렸음을 비로소 알 수 있다. 그렇다면 마케터는 총매출액이 늘었더라도 첫날보다 둘째날의 A 판매량이 줄어든 이유를 찾아내야 한다. A의 판매량이 유지됐다면 오늘의 매출액

상품별·날짜별 숫자 쪼개기

상품	판매가	DAY1		DAY2	
		판매 개수	매출액	판매 개수	매출액
A	20,000	20	400,000	10	200,000
B	10,000	10	100,000	80	800,000
총		30	500,000	90	1,000,000

은 120만 원까지 나올 수 있었기 때문이다.

숫자를 쪼개는 방법은 무궁무진하다. 앞선 예처럼 상품별로 나눌 수도, 카테고리별로 나눌 수도 있다. 고객 집단의 특성에 따라 쪼개는 코호트 분석Cohort Analysis(동질집단 분석)도 있다. 꾸까에서는 재구매율과 같은 지표들도 보는데, 5월에 구매를 시작한 고객과 8월에 구매를 시작한 고객은 유입 동기가 전혀 다르기 때문에 이들의 재구매율을 동일선상에서 따질 수는 없다. 때문에 두 고객 집단을 나눠서 분석한다. 저렴한 상품을 구매한 고객과 비싼 상품을 구매한 고객의 재구매율 역시 서로 비교할 수 없다. 이 밖에 시기나 역할별로도 쪼갤 수 있다.

③ 보이는 그대로 믿지 말고 의심할 것

숫자를 다루다 보면 특정 숫자가 너무 높게 나오거나 반복될 때가 있다. 이때 그냥 믿고 넘어가지 말고 의심하며 살펴봐야 한다. 오류가 있을 수도 있기 때문이다. 우리 브랜드의 가입자 중 1970년생이 50% 이상을 차지한다고 해보자. 특정 연도 출생자가 유난히 많다면 분명 이상한 일이다. 이를 보고 단순히 '우리 브랜드에는 1970년생 고객들이 많구나' 하고 넘길 것이 아니라 그 원인을 알아봐야 한다. 이를테면 홈페이지의 회원가입 항목 중 생년월일 입력 칸에 기본 연도로 1970년이 설정되어 있어서 이를 바꾸기 귀찮았던 고객들이 그대로 가입을 진행했을 수도 있는 것이다. 이 경우 고객의 연령대를 정확하게 파악할 수 없으므로 향후 마케팅 및 비즈니스 활동에 문제가 될 수 있다. 따라서 고객의 생년월일 데이터를 정확하게 수집할 수 있는 방법을 논의해봐야 한다.

평소와 다른 숫자들이 목격됐을 때 브랜드가 속한 인더스트리의 숫자를 참고하는 것도 도움이 된다. 기준점이 되는 인더스트리 차원의 숫자를 아는 것도 중요하다. 꾸까는 평소 디스플레이 광고Display AD, DA(배너 광고라고도 한다)의 이탈률이 70~80% 정도이고, 주변에 물어보면 다른 브랜드들도 이와 크게 차이 나지 않는다. 그런데 꾸까의 DA 이탈률이 40%로 떨어진 적이 있었다. 이런 경우 역시 '우리가 마케팅을 잘해서 이탈률이 낮아졌다'라고 받아들여서는 안 된다. 실제로 이탈률 하락의 원인을 찾아본 결과, 구글 태그 매니저를 설치하던 과정에서 GA 스크립트가 중복 등록됐음을 알 수 있었다. 실제 이탈률은 바뀌지 않았는데 트래킹 이슈로 측정에 오류가 생긴 것이다. 이런 사례에서 알 수 있듯, 숫자를 있는 그대로 믿어서는 안 된다. 다른 마케터와 이야기를 많이 나누고 검색도 해보면서 우리 인더스트리의 숫자들이 일반적으로 얼마 정도 나오는지 확인하고, 평소와 다른 숫자들이 보이면 의심하는 습관을 들이자.

어떤 숫자를 볼지는 인더스트리와 PLC에 달려 있다

P&G처럼 유통 채널을 통해 상품을 판매하는 경우에는 자체 몰을 보유한 곳에 비해 내부적으로 쌓을 수 있는 데이터가 한정적이다. 자체 몰이 없다 보니 자체 몰로 유입되는 트래픽이나 구매 전환에 관한 정보를 얻기 어렵다. 대신 정보분석 업체로부터 구입한 외부 데이터나 전통 유통 채널의 판매 데이터를 활용해 우리 카테고리의 사이즈, 그 안에서 우리 브랜드와 경쟁사의 마켓 셰어 현황, 카테고리별 비중 등의 변화 추이를 확인할 수 있다. 이를 토대로 매달의 활동에 따라 전체 시장이 어떻게 움직이고, 마켓 셰어 상황은 어떻게 변화하며, 어떤 카테고리에서 경쟁상 대비 우위에 있는지를 분석한다.

반대로 스타트업인 꾸까에서는 정보분석 업체에서 구매하는 데이터는 볼 수가 없다. 스타트업은 시장 자체를 만들어가며 비즈니스를 운영하기 때문에 전체 시장이나 경쟁사와 관련된 데이터를 얻기 어렵다. 그렇지만 온라인에 기반하기 때문에 고객 데이터는 더 많이 살펴볼 수 있다. 특히 GA 등을 활용하면 내부 데이터를 더 쉽게 모으고 활용할 수 있는데, 자체 몰에 GA 코드를 심으면 들어오는 고객에 대한 정략적 데이터를 확보할 수 있다(물론, 자사 몰에 가입한 회원들의 고객 정보에서 정성적 데이터도 수집 가능하다). 몇 명의 사람이 우리 홈페이지에 들어왔는지, 그들이 어떤 마케팅 채널을 통해 유입됐는지, 여러 퍼널들(유입, 회원가입, 장바구니 담기, 구매, 환불 등)의 활동을 몇 명이 얼마나 진행했는지 볼 수 있는 것이다. 시간이 흐를수록 자체 데이터가 계속 쌓이므로 우리의 평균 DAU, 평균 전환율, 평균 이탈률 등을 산출하는 것도 가능하다. 그렇게 되면 일간 데이터와 평균 데이터를 비교해 매일매일의 변화를 실시간으로 확인할 수도 있다. 궁극적으로는 각 광고의 역할을 명확히 하고 목표 트래픽 수와 전환율 등의 지표들을 모두 관리할 수 있게 되는 것이다. GA를 비롯한 데이터 분석 툴들은 워낙 종류가 다양하고 수시로 업그레이드되고 있어 툴 자체에 대한 설명은 생략하기로 한다.

마케터가 목표를 향해 가는 활동들은 모두 숫자로 이루어져 있다. 목표 매출이 맞게 주어졌는지, 어떤 플랜들로 목표를 이룰 것인지, 그러기 위해서는 얼마의 비용이 필요한지, 어느 채널에서 어떤 광고를 얼마나 집행할지 등등 모든 것이 선택이며 그 의사결정의 기준은 숫자다. 그러니 "마케팅을 잘하려면 숫자를 볼 줄 알아야 하나요?"라는 질문에 나는 "네, 반드시요"라고 답할 수밖에 없다. 마케터는 숫자를 보고 다루는 감각을 계속 키워나가야 한다.

프로세스의 마침표이자
새로운 시작, 리뷰

"이번 달 목표를 왜 달성하지 못했지? 다음 달 목표 달성에는 문제
가 없는 건가?"

"이번에 진행한 △△ 광고, 내년에도 집행해도 될까?"

위와 같은 질문들이 떠올랐을 때 마케터가 제대로 된 답을 하기
위해 필요한 것은 리뷰다. 일이 진행된다는 사실 자체에만 몰두
할 경우 종종 리뷰의 중요성을 간과하기도 하는데, 다음 플랜을
더욱 탄탄하게 설계하려면 리뷰가 반드시 이뤄져야 한다. 학창
시절 같은 문제를 다시 틀리지 않기 위해 오답노트를 만들어 복
기하는 것처럼, 일을 할 때도 리뷰까지 완료해야 전체 프로세스
가 완성되는 것이다.

프레임워크가 중요한 게 아니야

리뷰는 기본적으로 데이터화되어야 하므로 '기록'되어야 한다. 그렇다 보니 자연히 보고서 작성이 동반되곤 한다. 그래서인지 리뷰 단계에서 필요한 보고서 양식을 알려달라는 주니어 마케터들이 많다. 나 역시 주니어 시절에 그랬기 때문에 그들의 입장도 이해된다. 보고서를 쓰려고 워드 프로그램을 열었지만 어디서부터 시작해야 할지 막막하기만 한 그 마음, 사수가 양식만 알려주면 그것을 채워나가며 '이 보고서는 이런 식으로 쓰는 거구나' 하고 깨달을 수 있을 것 같은 그 마음을 당연히 잘 알고 있다. 그런데 여기에는 한 가지 함정이 있다. 주어진 양식의 빈칸을 채우기만 하다 보면 스스로 새로운 양식을 만들 수 없게 된다는 것이다. 회사에서 필요로 하는 것은 빈칸만 채우는 사람이 아니라 스스로 프레임워크를 만들 줄 아는 사람이라는 사실을 기억해야 한다.

5C-STP-4P의 프레임워크가 모든 상황에 무조건 적용되는 것이 아니듯, 리뷰의 양식에도 정답은 없다. 양식을 먼저 접하면 그 본질을 이해하기보다 겉으로 보이는 프레임워크만 따라 하는 경우가 많다. 단순히 비어 있는 칸에 데이터를 적어 넣기만 할 뿐, 이 데이터를 왜 기록해야 하고 왜 이런 순서로 작성해야 하는지 모르는 것이다. 그 결과 앞뒤 맥락이 맞지 않고 분절적인

리뷰를 하게 된다. 현황 파악은 열심히 해두었는데 그다음 이어지는 해결책은 앞서 파악한 내용과 전혀 관련 없는 아이디어의 나열뿐인 보고서가 괜히 나오는 것이 아니다.

리뷰는 다음 플랜을 위한 것

그렇다면 리뷰는 어떻게 해야 잘하는 것일까? 여기서 분명히 알아야 할 것이 하나 있는데, 바로 리뷰의 목적이다. 리뷰는 '다음 플랜을 잘 세우기 위해' 진행하는 것이다. 이를 염두에 두면 특정한 양식이 없어도 스스로 이번 달의 실행 혹은 이번 프로젝트의 실행에 딱 맞는 리뷰를 할 수 있다. 어떻게 리뷰를 해야 다음 플랜에 도움이 될지 함께 살펴보자.

첫째, 실제 결과와 목푯값을 비교해 목표를 달성했는지 여부부터 평가한다. 이번 실행이 성공인지 실패인지를 확인해야 리뷰의 방향성을 잡을 수 있기 때문이다. 더불어 프로젝트를 계획할 때의 시뮬레이션과 실제 액션 간의 차이도 고려한다. 비즈니스 상황의 변한 탓에 플랜을 세울 당시에 계획했던 것과 다르게 실행된 것이 있는지 액션의 차이도 정리한다.

둘째, 목표의 달성 여부를 평가했다면 그 근거를 숫자로 기록한다. 이때 큰 그림부터 먼저 그리고 세부적인 것들을 순차적으로 살펴보며 문제의 원인을 찾는다. 예를 들어 월간 매출의 리뷰를 한다면, 이달의 매출액이 목표와 얼마나 차이 나는지를 먼저 확인한다. 전체 매출액 차이를 확인했으니 그다음에는 그 매출을 구성하는 카테고리별 매출액을 검토한다. 어느 카테고리의 매출이 어떻게 변화했는지 보는 것이다. 이어서 각 카테고리에 속하는 상품 단위로 매출액의 변동 추이를 파악한다. 이렇게 하나하나 파고들며 매출의 상승과 하락의 원인을 찾다 보면 어느 부분에서 보완이 필요한지 알 수 있다. 이런 식으로 캠페인이나 광고 단위로도 나눠서 예상과 결과가 다른 이유를 분석해야 한다.

셋째, 리뷰를 통해 얻은 러닝을 다음 플랜에 연결시키기 위한 액션 플랜을 반드시 포함시킨다. 앞서 실행의 결과를 평가하고 숫자를 쪼개어 분석한 것은 결국 문제를 정의하고 해결책을 찾기 위한 것이다. 'Why'에만 집중해서 리뷰를 하면 현상을 파악하는 것에 그치고 만다. 현상 파악은 '다음 플랜에 도움이 된다'라는 리뷰의 목적을 충족시키지 못한다.

우리는 리뷰를 통해 우리가 할 수 있는 것과 없는 것을 분명하게 구분하고, 할 수 있는 것, 그중에서도 가장 효과가 좋을 것으로 예상되는 것부터 진행하겠다고 제시할 수 있어야 한다. 예를 들어, 유입이 떨어져서 매출이 하락했다고 분석됐다면 가장 빨리, 가장 크게 유입을 늘리기 위해 트래픽을 가져올 수 있는 광고를 집행하자고 제안하는 것이다. 그런데 경험이 많지 않은 주니어 마케터는 '내가 광고를 제안해도 될까?' 하며 망설이는 경우가 많다. 그래서 상품명이나 섬네일 이미지 바꾸기처럼 자신의 선에서 할 수 있지만 광고보다는 효과가 미미해 보이는 일들을 먼저 제시하고는 한다. 리뷰를 잘하는, 다시 말해 다음 플랜을 더 낫게 만드는 마케터가 되려면 가장 빠르게 가장 큰 효과를 가져올 수 있는 순서로 액션 플랜을 제시하는 연습을 해야한다. 그리고 리뷰 단계에서 제시한 액션 플랜을 다음 실행의 계획에 플랜에 반영되도록 해야 한다. 리뷰의 반영은 다음과 같은 프로세스로 이뤄진다.

예를 들어 3월 첫째 주에 2월의 리뷰를 진행할 때는 1월에 계획했던 2월의 플랜과 비교해서 목표의 몇 %를 달성했는지 확인하고, 동시에 실제 2월에 실행한 액션과 비교하여 플랜대로

마케터의 월별 프로세스

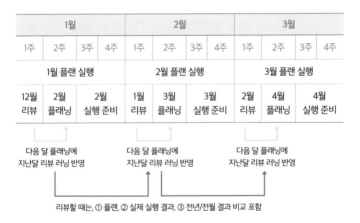

1월				2월				3월			
1주	2주	3주	4주	1주	2주	3주	4주	1주	2주	3주	4주
1월 플랜 실행				2월 플랜 실행				3월 플랜 실행			
12월 리뷰	2월 플래닝	2월 실행 준비		1월 리뷰	3월 플래닝	3월 실행 준비		2월 리뷰	4월 플래닝	4월 실행 준비	

다음 달 플래닝에 지난달 리뷰 러닝 반영

다음 달 플래닝에 지난달 리뷰 러닝 반영

다음 달 플래닝에 지난달 리뷰 러닝 반영

리뷰할 때는, ① 플랜, ② 실제 실행 결과, ③ 전년/전월 결과 비교 포함

그렇게 진짜 마케터가 된다

진행됐는지, 그렇지 않다면 어느 부분이 왜 달라졌는지 살펴본다. 나아가 작년의 동기간 데이터와 전월 데이터를 활용해 전년 대비, 전월 대비 비교도 각각 진행한다. 이를 종합해서 4월의 플랜에 어떻게 적용할지 판단하면 된다.

리뷰는 마케팅팀이 수행한 액션과 그 결과의 기록으로, 일종의 데이터베이스가 된다. 따라서 팀이 꾸준한 성과를 내려면 그동안 진행했던 시도와 결과, 그 과정에서 이뤄진 결정, 새롭게 배운 지식과 노하우를 꾸준히 기록해야 한다. 잘 기록된 리뷰를 보면 우리 팀이 어떤 방향으로 얼마나 나아가고 있는지 숫자로 명확하게 확인할 수 있다. 뿐만 아니라, 그 업무를 새로운 사람이 맡게 되어도 리뷰를 통해 업무를 빠르게 파악하고 적용할 수 있다. 리뷰 없이 플랜만 진행하는 것은 계기판을 가린 채로 자동차를 운전하는 것과 같다. 모든 실행이 끝나면 무조건 리뷰를 진행하도록 습관화하도록 하자.

내 일을
내가 리드하는 법

P&G에 입사한 지 얼마 되지 않았을 때 내가 매니저에게 무언가를 보고하거나 질문할 때마다 매니저가 했던 말이 있다.

"내가 뭘 해주면 될까요?"

정말로 도움을 주겠다는 뜻이 아니라 "So what(그래서 어쩌라고)?"의 의미였는데, 이 말은 나를 당황스럽게 하기 일쑤였다. 당시 내게 주어진 롤의 목표는 P&G가 가지고 있는 여러 브랜드의 신규 온라인 유저를 모집하는 것이었다. 이를 위해 맡았던 업무 중에 앱 푸시(이커머스 애플리케이션을 설치한 고객에 알람을 보내는 것)와 같은 신규 마케팅 채널을 관리하고 만드는 일이 있었다. 나중에는 더 큰 업무들이 늘어나서 앱 푸시 정도는 내가 담당하는 전체 업무의 아주 작은 일부가 됐지만, 갓 입사한 사회초년생에게는 너무나도 중대한 일이 아닐 수 없었다. 업무에 관해 매니저에게 미리 물어봤다면 좋았겠지만, 안타깝게도 그때 나는 매니저에게 질문하는 것이 참 어려웠다. 그래서 열심히 일하는 쪽을 택했다. 몇 날 며칠을 준비해서 '주요 이커머스 플랫폼 6곳을 분석했더니 각각의 앱 푸시 효율이 이러저러했다'와 같은 내용을 매니저에게 공유했더니, '내가 뭘 해주면 되냐'라는 질문이 돌아온 것이다. 데이터를 분석해서 표로 깔끔하게 정리까지 했으니 내 딴에는 잘했다는 칭찬을 기대했는데 말이다. 하지만 지금 생각해보면 매니저의 그런 반응은 당연했다.

표로 잘 정리하긴 했지만 그래서 앱 푸시의 효율이 좋다는 건지 나쁘다는 건지, 효율이 좋으니 돈을 더 투자하자는 건지, 얼마를 투자하면 얼마를 더 벌 수 있는지 아무런 목적도 결론도 없이 '앱 푸시 전환율은 약 ○○%입니다'라는 말만 달랑 건넨 셈이었기 때문이다. 말하자면 아주 적극적으로 '의미 없는' 말을 한 것이다.

'열심히=적극적'이 아니랍니다

이렇듯 주니어 시절에는 일을 '적극적으로' 한다는 게 무엇인지 몰라 그저 열심히만 하다가 어려움에 봉착하곤 한다. 앞서 예로

든 에피소드 말고도 주니어 마케터 때 내가 발휘한 '의미 없는 적극성'은 꽤 많은데, 몇 가지를 정리해보자면 다음과 같다.

· 저 다 했는데 뭘 더 하면 될까요?

→ 속뜻: 매니저님이 시킨 일 벌써 다했어요! 대단하죠?

· 지금 이런 일이 발생했습니다. 제가 뭘 하면 될까요?

→ 속뜻: 제가 이렇게 빨리 문제를 찾아냈어요! 대단하죠?

· 제가 이렇게 하고 있는데, 맞나요? 그다음은 어떻게 할까요?

→ 속뜻: 제가 이렇게 잘하고 있답니다. 대단하죠?

· 미팅에서 오간 이야기들을 제가 전부 필기해놨어요!

→ 속뜻: 이렇게 꼼꼼히 필기하다니, 참 대단하죠?

이렇게 열심히 일했는데, 돌아오는 매니저의 피드백은 "내가 뭘 해주면 될까요", "좀 더 적극적이었으면 좋겠어요" 같은 것이었다. '적극적으로 일한다'는 게 어떻게 일하는 것인지 도무지 알수 없던 나는 어리둥절하기도 하고 주눅이 들기도 해서 매니저를 대하기가 더 어려워졌고, 그러다 보니 안 하던 실수까지 하게되는 악순환에 빠지기도 했다.

그렇게 진짜 마케터가 된다

일을 적극적으로 한다는 것

어느덧 시니어 마케터가 된 지금은 일을 '적극적으로' 한다는 것이 무엇을 가리키는지 분명히 안다. 일을 적극적으로 한다는 건 일의 주도권을 회사가 아닌 내가 가지는 것을 말한다. 예를 들어, 내가 담당하는 일에 문제가 생겼을 때 일의 주도권을 회사나 상급자에게 넘기는 사람은 "매니저님, 큰일났어요! 이런 일이 발생했어요!"라고 반응한다. 반면, 일의 주도권을 스스로 가지고 있는 사람은 이렇게 말한다.

> "매니저님, 지금 이런 문제가 발생했는데 제가 솔루션을 마련했으니
> 같이 도와주세요!"

그렇다면, 일을 적극적으로 하려면 어떻게 해야 할까? 지난 경험을 통해 나는 마케터에게 필요한 '의미 있는 적극성'을 3단계로 구분하게 됐는데, 단계별로 함께 살펴보자.

1단계
전체적인 관점에서 나의 업무를 이해하고 시작하기

업무를 본격적으로 시작하기 전에 자신의 업무에 대한 정리가 필요하다. 내 업무의 정의와 범위가 무엇인지, 회사에서 나를 뽑

은 이유는 뭔지, 내 업무의 OKR은 무엇인지 등을 매니저와 이야기하며 스스로 정의를 내려야 한다. 나는 그 내용을 '목적·목표·업무' 표로 그리는데, 전체적인 관점에서 업무를 파악하는 데 큰 도움이 된다. 많은 주니어들이 눈앞에 떨어진 업무를 수행해내는 데만 집중하느라 이 일을 '왜' 하는지는 생각하지 못하고 일을 쳐내기만 한다. 하지만 업무에 대한 정리와 이해를 거치지 않으면 어떤 일이 주어졌을 때 곧장 실행에 뛰어들게 되고, 서로 연결되어 있는 업무들의 관계를 파악하지 못한 채 개별적이고 근시안적으로 일을 바라보게 된다. 그러다 막히면 매니저에게 "이거 어떻게 해요?"라는 질문을 하게 되는 것이다.

앞서 언급한 P&G 에피소드를 예시로 '목적·목표·업무' 표를 그려보았다. 당시 매니저는 나의 채용 이유가 '신규 사용자 모집'이라고 했다. 회사는 신규 사용자를 모집할 채널로 이커머스 채널을 설정했고, 이커머스 앱에서 푸시 메시지를 보내거나 이커머스 고객에게 무료로 샘플을 나눠주는(샘플링) 등의 업무가

목적·목표·업무 표의 예시

목적	신규 사용자 모집		
목표	브랜드 침투율을 ○○%로 높이기 위해, 신규 사용자 ○만 명 모집		
업무	앱 푸시	샘플링	기타

내게 주어졌다. 처음 일을 시작한 모든 주니어 마케터들이 그러하듯, 나 역시 각각의 업무에 집중한 나머지 목적과 목표를 간과했다. 왜 앱 푸시를 보내는지는 생각하지 못한 채 매니저에게 "A 이커머스 MD가 앱 푸시를 더 해줄 수 있다는데, 더 보내도 되나요?", "B 이커머스에서 새로운 푸시 프로그램을 개발했다고 합니다. 그걸 써도 될까요?" 같은 질문들만 했던 것이다. 앱 푸시보다 '신규 사용자 모집'이라는 목적이 더 중요하다는 사실을 그때는 알지 못했다. 회사는 업무의 목적과 목표가 달성되기만 한다면 내가 어떻게 일하는지는 중요하지 않다. 다시 말해, 회사는 신규 사용자가 목표한 만큼 모이기만 하면 된다. 신규 사용자 ○만 명을 모집하기 위해 앱 푸시가 더 필요하다면 더 진행하고, 앱 푸시의 효율이 낮으면 중단한 다음 다른 방법을 찾아 매니저를 설득하는 게 진짜 '적극적으로' 일하는 것이다.

2단계
각각의 업무를 나만의 방식으로 풀어내기

목적과 목표를 이해하고 업무에 돌입했다면 전임자의 방식을 그대로 따르기보다는 각각의 업무를 자신만의 관점으로 새롭게 만들어나갈 수 있어야 한다. 주어진 일만 하는 것이 아니라, 목표에 맞는 새로운 일을 제안하거나 불필요한 일은 하지 않는 것이 낫겠다는 의견을 낼 수 있어야 한다. 입장을 바꿔 생각해보

자. 누군가에게 그 일을 왜 그렇게 하느냐고 물었는데 "전임자가 이렇게 하고 있어서요"라는 답변이 돌아온다면 과연 '이 사람 일을 참 잘하네!'라는 생각이 들까? 일을 적극적으로 하는 사람은 스스로에게 왜 일을 이렇게 하고 있는지 묻고 목적에 맞는 솔루션을 생각해낼 줄 안다.

물론, 자신만의 업무 방식을 만든다는 것이 말처럼 쉬운 일은 아니다. 특히나 주니어 때는 내가 어디서부터 일의 방식을 바꿀 수 있는지 알 수가 없어 소극적으로 임하기 쉽다. 하지만 의외로 이를 판단하는 기준은 간단하다. 상위의 목적과 목표를 달성하는데 필요하다면 무엇이든 스스로 제안하고 리드하면 된다. 브랜드의 현황을 파악했는데 광고가 비효율적으로 운영되고 있다면 그 광고를 그대로 집행하는 게 아니라, 광고를 새롭게 세팅할 수 있어야 한다. 이때 광고비를 사은품 개발에 쓰는 것이 브랜드 성장에 더 도움이 된다고 판단될 경우 이를 회사에 제안할 수도 있는 것이다.

따라서 주어진 업무의 큰 그림을 그릴 때뿐만 아니라 업무 하나하나를 대할 때도 '왜?'라는 질문을 끊임없이 던져야 한다. 스스로 그 일을 해야 하는 이유를 찾지 못하면 전임자가 하던 대로, 혹은 뻔하고 단순하게 진행하며 일을 했다는 사실 자체에만 몰두하고 만다. 예를 들면, 새로운 입점 채널의 상품안을 가져오라는 업무가 주어졌을 때 현재 판매하고 있는 상품 리스트를 그대로 정리하는 수준에 그치면 안 된다는 이야기다. '왜 상품안이 필요할까?'라는 질문에서부터 업무를 시작해야 한다. 그래야 제대로 일을 해나갈 수 있다.

3단계
원칙과 함께 자신의 의견을 먼저 만들기

1단계와 2단계를 거치며 스스로 '왜?'를 묻다 보면 원칙을 만들 수 있게 된다. 일을 하면서 생기는 많은 질문들 중에는 '목적·목표·업무' 표를 그려보면 답을 찾기 쉬워지고 스스로 결정을 내릴 수 있는 것이 많다.

P&G에서 신규 사용자 모집 업무를 맡았을 때의 이야기를 다시 해보자. 당시 나는 매니저에게 "신규 사용자 모집을 위해 A 이커머스와 마케팅 채널을 개발하려면 1,000만 원이 필요한데, 이만큼의 비용을 써도 괜찮을까요?"라는 질문을 한 적이 있는데, 역시나 "내가 뭘 해주면 될까요?"라는 역질문이 돌아왔다. 나의 의견 없이 '1,000만 원의 비용을 쓴다/쓰지 않는다'의 의사결정을 매니저에게 떠넘겼기 때문이다. 스스로 원칙을 세워서 목적과 목표의 달성에 필요한 일이라면 1,000만 원이 필요하다고 말하면 되는 것인데 그 의사결정의 주도권을 매니저에게 넘긴 셈이다. 만약 지금 내게 그런 상황이 일어난다면 이제는 이렇게 말할 것이다.

"'신규 사용자 모집'이라는 목적에 집중해서, 제가 지금 달성해야 하는 신규 사용자 수는 3,000명인데 기존 플랜으로는 2,000명 밖에 모을 수 없는 상황입니다. 목적을 달성하려면 A라는 채널을 개발해야 합니다. A 채널에서는 1,000명의 신규 사용자를 확보할 수 있을 것으로 예상됩니다. 예상 비용은 1,000만 원이고 예상 매출액은 3,000만 원으로 ROI는 약 300%라서 최저 기준을 무리 없이 넘깁니다. 바로 테스트해보겠습니다. 문제없으시죠?"

조금 더 구체적으로 가정해보자면 다음과 같은 이야기도 가능하다.

"신규 채널 A와 B를 통해 신규 유저 1,000명이 각각 확보될 것으로 예상됩니다. A 채널은 비용이 1,000만 원 들어가며 ROI는 300%이고요, B 채널은 비용이 2,000만 원 들어가지만 ROI는 400%입니다. 제 롤의 목적이 '신규 사용자 모집'이므로 두 채널 모두 목적에 부합하는데, 비용이 적게 드는 A가 좋을지 아니면 전체 매출액을 더 높일 수 있는 B 채널이 좋을지 가이드 부탁드립니다. 2,000만 원까지 써도 괜찮을까요? 제가 '매출액'과 '비용 관리' 중 어디에 더 집중하길 원하시나요?"

이처럼 일을 적극적으로 한다는 것은 자신의 일을 개별 업무 단위에 치중해서 보는 것이 아니라 전체 일의 목적과 목표를 이해하고, 각각의 업무를 자신의 방식대로 풀어나가며, 원칙을 세워서 그에 맞춰 명확한 의견을 가지고 일을 진행하는 것이다. 회사는 제한된 리소스로 목표를 달성해야 한다. 그래서 스스로 목표가 무엇인지 정확히 인지하면서 그것을 달성하기 위해 무엇이 필요한지 말할 수 있는 사람이 기회를 가지기 쉽다. 마케터로서 일을 대함에 있어 자신의 목소리를 내면서 브랜드를 키우는 데 필요한 것을 얻어내는 자세를 갖추면 좋을 것 같다.

마케터로 일하며
마주하는 어려움들

그간의 시간을 돌이켜보면 마케터로 일하면서 즐거웠던 경험이 참 많다. 몇 달 동안 준비한 브랜드 캠페인이 성공적으로 론칭되고 사람들이 우리의 의도를 알아볼 때, 사람들이 우리 브랜드 활동이 좋다고 말할 때, 매달 매출액이 오르는 것이 눈에 보일 때 등등 나의 활동이 세상에 영향을 끼치는 모습이 신기하고 재밌다. 하지만 즐거움과 보람이 큰 만큼 그 이면에서 겪은 어려움도 많다. 이번에는 그 어려움에 대한 이야기를 해보려 한다. 어떤 직무를 수행하며 겪는 어려움을 아는 것만큼 그 직무에 대한 이해도를 높일 수 있는 방법도 없다고 생각하기 때문이다.

흔히 마케터의 일이라면 대규모 캠페인을 진행하는 등 가장 멋져 보이는 모습만 상상하게 된다. 마케터로 일하기 전에는 나 또한 비슷했다. 멋진 아이디어로 브랜드 캠페인을 진행하고 이

그렇게 진짜 마케터가 된다

를 통해 고객이 그동안 생각해보지 못했던 부분을 고민하게 만드는 것, 즉 'How'에 해당하는 일들이었다. 그런데 실제로 마케터가 되어 일해보니 그런 일은 대체로 대행사의 몫이었다. 마케터는 그보다 앞단에 서서 비즈니스 과제를 정의하고 브랜드의 성장에 무엇이 필요하지 찾는 일에 주력해야 했다. 마케터가 비즈니스 리더라는 것을 미처 생각지 못했던 나는 이 부분에서 여러 어려움을 겪게 됐다.

목표를 향해 쉬지 않고 달리면서 느끼는 책임과 압박

마케터는 브랜드가 속한 비즈니스 상황을 잘 이해하고, 그에 알맞은 의사결정을 내려서 브랜드를 키우는 일을 한다. 그렇다 보니 브랜드의 상황과 내 실력을 분리하기 어렵다. 비즈니스 리더처럼, 말하자면 CEO처럼 생각하게 되는 것이다. 예를 들어 비즈니스 이슈가 터져 목표 매출을 달성하지 못하는 상황이 생겼을 때 '어쩔 수 없지', '이번엔 목표를 달성하지 못해서 아쉽네'라고 여기는 것이 아니라, '내가 더 할 수 있는 게 없나?', '무조건 되게 하려면 무엇을 해야 하지?' 하고 생각한다. 우리 브랜드가 잘되어야 내가 잘된다고 생각하기 때문에 성과에 대한 압박을 느낄 수밖에 없다. 실제로 회사가 마케터를 숫자로 평가하며 성과를 달성하길 계속 채근하고 압박하는 경우도 있다.

그래서 마케터란 직무는 달리는 열차에 올라타는 것과 같다고 생각했던 적도 있다. 그 열차에서 내리지(퇴사) 않을 거면 계속 빠르게 나아가야만 하기 때문이다. 프로젝트 단위로만 일하는 직무는 한 프로젝트를 끝내고 나면 잠깐의 여유가 생긴다. 하지만 매일·매달·매년의 매출을 달성하며 브랜드를 키워나가야 하는 일은 쉬지 않고 진행되어야 한다. 월간 목표 매출을 이루려면 매일의 숫자들을 체크해야 하고, 부족하다면 추가 플랜을 세우고, 그 와중에 비즈니스 이슈라도 터지면 이를 수습하느라 하루하루가 정신없이 흘러간다. 그렇게 한 달을 무사히 보냈다 싶으면 바로 다음 달 1일이 된다.

그렇게 매일 달리다 보니 숫자에 대한 압박감에 시야가 좁아지는 것이 느껴졌다. '이 메시지가 정말 고객에게 울림을 줄 수 있을까?'라는 근본적인 고민은 뒤로한 채 목표 달성을 위한 하나의 수단으로만 아이디어를 만들어내고 기획하게 되는 것이다. 내가 좋아했던 일의 본질은 사라지고 머릿속에 숫자만 가득한 스스로를 발견할 때마다 회의감과 자괴감, 그럼에도 빨리 달려가야 한다는 조급함에 휩싸였다. 우리 브랜드가 어떤 브랜드인지 고객이 알게 하는 건 단순히 크고 멋진 광고를 집행한다고 되는 일이 아니라, 고객이 우리 브랜드를 만나는 접점 하나하나에서 우리의 메시지를 분명하게 느끼게 해야 가능하다는 걸 알면서도 말이다. 안타깝게도 연차가 쌓이고 직급이 오를수록 책

그렇게 진짜 마케터가 된다

임도 더해지다 보니 숫자에 대한 압박감은 계속 강해졌다. 점점 커져가는 숫자에 대한 압박과 고객에 대한 고민, 그 사이에서 균형을 잡기 위해 부단한 노력이 필요했다.

마케터의 일에는 정답이 없다

비즈니스에는 정해진 정답이 없다. 그러니 내가 잘하고 있는지, 나의 선택이 최선이었는지에 대한 의구심이 시시때때로 솟아오른다. 마케터는 나아가야 할 커리큘럼이 명확하지 않아 어떤 공부를 얼마나 해야 하는지 알 수 없고, 마케터가 되기 위해 필요한 자격증 같은 것도 없다. '마케터'라는 단어 자체가 너무나 광범위하게 사용되는 상황에서 스스로 일을 잘하는지 못하는지 기준을 잡기가 어려웠다. 비즈니스 리더로서 더 깊이 고민할수록 더 좋은 해결책이 나오기 마련인데 얼마나 고민해야 충분히 고민한 것인지 알 길이 없으니 늘 막막하고 답답했던 것 같다. 경험이 쌓이면 괜찮아지지 않을까? 물론, 일에 자신감이 붙긴 하지만 한편으로는 나의 스타일이 굳어져 그 안에 갇혀버리는 것은 아닌지 걱정되기도 했다.

갈수록 더 잘 보이는 브랜드와 비즈니스의 한계

브랜드를 키우기 위해 무엇을 할지 끊임없이 찾고 고민하는 마케터는 회사의 한계나 비즈니스의 한계를 가장 먼저, 그리고 끊임없이 마주하게 되는 직무이기도 하다. 비즈니스 리뷰를 하다가 우리 브랜드를 대규모로 홍보하는 것보다 주문량이 폭증했을 때 이를 소화힐 자동화 제작 프로세스를 갖추는 것이 디 시급한 문제임을 알아챘다고 해보자. 이런 문제는 개별 마케터가 아니라 회사 차원에서 해결해야 하는데, 회사는 여기에 투자할 생각이 없다면 어떻게 될까? 열심히 마케팅 활동을 해서 주문이 폭주하는데 생산이 이를 커버하지 못해 팔지 못하는 상황이 계속 벌어질 것이다. 내가 아무리 노력해도 어찌할 수 없는 한계를 만났을 때, 그 한계로 인해 내 노력의 결과물이 무너졌을 때 느껴지는 무력감은 이루 말할 수 없다.

내가 정말 풀고 싶은 문제인가?

비즈니스 리더로서 마케터가 겪게 되는 이런 어려움들을 해결할 수 있는 방법은 유일하다. 지금 우리 브랜드가 해결하려는 문제가 내가 정말 풀고 싶은 문제인지 자신에게 물어보는 것이다. '목표 매출 달성'처럼 당장의 목표에 눈이 멀어 달리다 보면 내가 이 일을 왜 하는지는 잊고 지치기도 한다. 그럼에도 버티고 계속할 수 있는 것은 '우리는 ○○○을 이루기 위해 이곳에 있다'라는 가치와 비전이 스스로를, 나아가 함께 일하는 서로를 다 잡아주기 때문이다. 회사의 비전에 깊이 공감하고 회사의 문제를 풀고 싶은 의지가 있다면 다시 일어설 동력이 생긴다.

이 글을 읽고 '나는 저런 어려움을 겪지 않는데?'라고 생각하는 마케터가 있을 수도 있다. 이것은 같은 마케터라고 해도 비즈니스나 브랜드의 상황에 따라 하는 일이 다르기 때문이라고 이해하면 된다. 지금까지 나열한 마케터로서의 어려움들은 뒤집어서 생각해보면 결국 마케터가 하는 '일'에 대한 이야기다. 마케터는 정답이 없는 비즈니스 세계에서 브랜드의 비전을 제시하며 리드하고, 다양한 직무의 사람들과 함께 결과물을 만들어낸다. 어려움이 있음에도 내가 마케터로서의 직업생활을 지속하고 있는 건 이 과정들에서 느끼는 즐거움이 훨씬 크기 때문이다. 여러분 또한 '이런 어려움이 예상되는데 나는 마케터로서 즐기면서 일할 수 있을까?'를 생각해보는 기회를 가져보면 좋겠다. '업으로서의 마케터'를 조금 더 잘 이해하는 데 나의 경험담이 도움이 되길 바란다.

Chapter 4

팀을 리드하려면
플러스 알파가 필요하다

| 마케터의 레벨업 |

마케팅 팀장의 일
(feat. 내가 만난 팀장님들)

마케팅 팀장은 어떤 일을 할까? 회사에게는 목표 달성이 가장 중요하다 보니, 목표만 이룰 수 있다면 팀의 운영 방식은 팀장의 재량에 맡겨두는 경우가 많다. 그렇다 보니 세상에는 정말 각양각색의 팀장들이 존재한다. 나는 다양한 브랜드를 거쳐온 만큼 다양한 팀장님들을 만나게 됐다. 그중에는 방향성을 명확히 제시해주고 목표를 무조건 달성하기 위해 최선을 다하되 회사의 요구가 터무니없을 때는 팀을 위해 싸우기도 하는 팀장님도 있었지만, 그렇지 않은 경우도 더러 있었다. 회사가 요구한 목표를 그대로 따르기만 하며 이를 위해 팀원들을 재촉하던 팀장님, 떠오르는 족족 아이디어를 던지기만 하는 팀장님, 팀원들에게 업무 가이드를 주지 않은 채 혼자 야근을 반복하던 팀장님 등등 그 유형도 여러 가지였는데, 그들과 함께 일하며 어느덧 내가 팀

그렇게 진짜 마케터가 된다

장을 맡을 만큼 경력이 쌓이자 '좋은 팀장'에 대한 상이 조금씩 그려지기 시작했다. 그리고 팀장으로서 직접 팀을 이끌며 이를 구체화할 수 있었다.

마케팅 팀장은 무슨 일을 하나

내가 생각하는 마케팅 팀장은 '팀 단위로 일이 돌아가게 하면서 브랜드를 성장시키는 사람'이다. 팀원에서 팀장이 됐을 때 겪게 되는 가장 큰 변화는 '우리 브랜드의 성장'처럼 혼자서는 이룰 수 없는 상위의 목표가 주어진다는 것이다. 마케팅은 팀 단위로 운영되고, 팀원은 브랜드를 키우는 과정에서 필요한 여러 파트들 중 일부를 맡아 수행한다. 상대적으로 작은 목표, 하위의 목표를 바라보며 비즈니스의 일부분만 보게 된다. 예를 들어, P&G에서는 브랜드 전체의 성장은 매니저가 책임지고 개별 마케터에게는 유통 채널 단위로 업무를 배분한다. 꾸까에서는 팀원들의 업무를 마케팅과 상품기획 2개 파트로 나누고, 마케팅 파트에서는 페이드 미디어paid media(비용을 들여 집행하는 광고 매체), 온드 미디어owned media(브랜드가 자체적으로 소유하는 매체) 등 채널 단위로 업무를 구분한다.

이렇게 브랜드의 상황과 운영방식에 따라 업무가 나뉘고 자신이 집중할 업무가 명확하다 보니 아무래도 팀원은 팀장에 비해 전체를 바라볼 기회가 적었다. 다른 사람들이 어떤 일을 하고 있는지 자세히 알기 어려운 것이다. 그러다 팀장이 되면 전체적인 그림을 보게 되고, 팀원들이 그 그림을 이해해서 자신의 역할을 잘 해내도록 만드는 것이 중요해진다. 팀원 시절에는 맡은 업무를 잘 진행하면 목표를 달성할 수 있었지만, 팀장의 목표는 팀 전체가 잘 운영되어야 이룰 수 있다. 그래서 마케팅 팀장은 비즈니스 차원(브랜드를 어떻게 성장시킬까?)과 조직 차원(우리 팀과 팀원들을 어떻게 성장시킬까?)을 모두 고려하며 팀을 이끌 줄 알아야 한다. 그렇다면 팀을 잘 이끌기 위해 팀장은 어떤 일을 해야 할까? 크게 세 가지를 꼽을 수 있다.

첫째는 비즈니스 차원에서 마케팅 팀장이 해야 하는 일로, 의사결정의 기준이 되는 '브랜드 방향성'을 만드는 것이다. 브랜드를 키우는 활동에는 너무나 많은 수단과 방법이 있다. 그중에서 우리 팀에 적절한 것을 선택한 다음 팀원들과 함께 잘 설계하고 배분하여 성과를 만들어가야 한다. 때문에 우리 브랜드의 현황, 목적과 목표, 이를 위한 전략에 대해 팀원들에게 명확한 가이드를 줄 수 있어야 한다. 의사결정의 순간마다 팀원들이 팀장에게 어떻게 할지 물어보는 것은 바람직하지 않다. 팀원들이 브랜드의 방향성을 인지하고 팀의 의사결정을 예측하여 스스로 결정을 내리도록 팀장이 기준을 세워놔야 한다. 이에 관해서는 3장에서 충분히 다뤘으므로 여기서는 생략하기로 한다.

그렇게 진짜 마케터가 된다

둘째는 조직 차원에서 해야 하는 일로, 팀원들이 일에만 집중할 수 있는 환경을 구축하는 것이다. 팀장은 원칙과 프로세스를 정비함으로써 팀원들이 스스로 어떤 일에 어떻게 집중해야 하는지 알게 해야 한다. 또, 회사 내의 여러 사람들과 커뮤니케이션하며 팀원들의 노력이 더욱 빛을 발할 수 있도록 서포트해야 한다.

마지막 셋째는 '사람'을 잘 관리하는 것이다. 모든 일은 사람이 하는 것이므로 팀장은 역량 있는 사람을 채용하고 성장시킬 줄 알아야 한다. 팀원들에게 올바른 가이드와 피드백으로 코칭을 하고, 계속해서 시야를 넓혀갈 수 있도록 새로운 과제를 던져준다. 나아가 팀원들의 커리어패스까지 고려해 성장의 길을 안내할 수 있어야 한다.

팀장이 방향성을 제시하지 못할 때 벌어지는 일

만약 팀장이 방향성을 제시하지 못하면 어떤 일이 발생할까? 내가 합류했을 당시 꾸까의 마케팅팀은 구조화되지 못한 채 팀원들이 각자 일하고 있었다. 팀장이 전체를 리드하기보다 자신의 실무에만 몰두하면 그런 상황이 벌어지게 된다. 물론, 팀 전체를 리드하는 시스템을 만들기 어려운 배경이 존재했다. 서비스 론칭 초기에 페이스북 페이지를 바탕으로 성장한 꾸까는 따뜻하고 다정한 톤 앤 매너로 고객들과 소통해왔고, 팀 단위의 시스템을 갖추기보다 그 톤 앤 매너를 유지하며 고객과의 관계를 이어나가는 게 중요했던 것이다. 그러다 페이스북 채널의 유입이 줄어들자 매출액도 함께 하락했고, 줄어든 매출을 보완하고자 상품군을 늘리게 됐다. 시스템이 부재한 상태에서 상품 개수가 늘어나다 보니 시간이 갈수록 한 사람이 관리해야 하는 상품의 종류가 많아지고, 비슷한 금액대의 상품들이 늘어나면서 단위 상품당 매출액이 떨어지고 있었다. 그런 가운데 내가 꾸까에 입사한 것이다.

일은 계속 쌓이는데 매출은 오히려 줄어드는 상황에서 마케팅팀 전체를 살펴보니 문제가 하나 보였다. 총매출 목표는 설정되어 있는데, 각각의 팀원이 스스로 한 달에 얼마의 매출을 올려야 하는지 인지하지 못하고 있다는 것이었다. 목표 단위가 아닌 '한 달에 새 상품 2개씩 론칭하기'와 같이 과제를 중심으로 업무를 배분한 결과였다. 자신의 목표가 설정되지 않은 채 일을 하니 팀원들은 매달 2개의 신상품을 론칭하면서도 그것을 얼마나 판매해야 하는지는 모르고 있었다. 게다가 목표가 없으니 자신이 잘하고 있는지도 평가할 수 없었다. 당시 꾸까 마케팅팀의 업무 구성을 정리해보면 다음과 같다.

그렇게 진짜 마케터가 된다

방향성이 부재했던 꾸까의 마케팅팀 업무 구성

팀원 A	해바라기 수확철 확인 ⇒	해바라기 상품 론칭 ⇒	SNS 포스팅
	⇒ 해바라기 수급 어려움	⇒ 상품 판매 종료	
	튤립 수확철 확인 ⇒	튤립 상품 론칭 ⇒	EDM 발송
	⋮		
팀원 B	천일홍 수확철 확인 ⇒	천일홍 상품 론칭 ⇒	SMS 발송
	공작초 수확철 확인 ⇒	공작초 상품 론칭 ⇒	페이스북 광고
	⋮		
⋮			

매출이 하락하는 상황에서 새로운 광고 채널을 찾으려는 나름의 시도도 계속 있었지만, 이를 총괄하는 전략이 없으니 개별적으로 자신이 론칭한 상품을 알리는 정도에 그쳤다. 이렇게 집행된 광고에 대한 리뷰가 이뤄지지 않아 '집행했다'라는 사실 자체에 만족하고, 어떻게 실행했어야 더 효과적이었을지는 연구되지 않았다. 광고를 보고 고객이 홈페이지에 방문했더라도 해당 상품 하나에만 랜딩되다 보니 다른 상품의 구매로는 전환될 수 없었다. 공동의 목표나 전략 없이 각자 자신의 일만 했던 것

이다. 이렇게 팀장이 큰 그림을 보지 못하면 팀원들은 일정한 방향 없이 전체 목표와 무관한 각자의 일을 하게 된다.

이어서 마케팅 팀장이 꼭 해야 하는 일과 역할에 대해 좀 더 구체적으로 다뤄볼 예정이다. 흔히 팀장이 되면 팀원일 때 하던 일의 심화 버전을 하게 될 거라 예상하곤 한다. 하지만 팀장의 일은 팀원의 일과 아예 차원이 다르다고 봐도 무방하다. 완전히 새로운 직무를 맡았다고 생각하고 리더의 관점에서 업무를 바라봐야 한다.

그렇게 진짜 마케터가 된다

팀 전체가
한 몸처럼 움직이려면

꾸까에서 마케팅 팀장으로 일을 시작하며 나의 업무는 팀원들이 일에 몰두할 수 있는 환경을 구축하는 데 집중됐다. 방향성은 팀장이 리드해서 제시하는 것이지만, 그 방향성을 따라 설계되는 마케팅 액션들은 팀원들이 만들어내야 하므로 스스로 일할 수 있게 하는 것이 무엇보다 중요했다.

마케팅팀 전체에 주어진 과제가 '목표 매출 달성'이라면 팀장은 그 과제를 잘 수행할 수 있게 뒤에서 판을 짜주는 역할을 한다. 팀장이 짠 판 위에서 팀원들이 신제품 론칭 프로젝트를 진행하고 브랜드 캠페인을 여는 것이다. 만약 팀장이 마케터로서의 성과나 커리어에 욕심을 내어 브랜드 캠페인 같은 실무를 계속 쥐고 있으면, 팀원들은 할 일이 없어 무한정 대기하고 있고 팀장 혼자 매일 야근하는 상황이 발생한다. 게다가 브랜드 캠페인 같은 프로젝트 외에 매일 벌어지는 비즈니스 이슈들을 책임질 사람이 없어 문제가 생기기 시작한다. 팀장의 관심이 실무에 쏠려 있으니 팀이 아예 운영되지 않는 것이다. 물론, 팀원이 프로젝트를 리드하다 막히게 되면 팀장의 가이드가 필요하다. 하지만 그 프로젝트의 주체도, 성공했을 때 박수 받을 사람도 그 팀원이다. 팀장은 판을 깔아주는 사람이라는 것, 이 사실을 잊지 말자. 일에 집중할 수 있는 환경을 만드는 것은 크게 두 가지 카테고리로 나눌 수 있다. 하나는 팀 내의 구조를 탄탄히 하는 것이고, 나머지 하나는 팀 밖에서 다른 팀과의 커뮤니케이션으로 서포트하는 것이다. 먼저 팀을 구조화하는 방법부터 이야기해보려 한다.

팀을 위한 원칙과 목표

비즈니스 차원에서 브랜드 방향성을 제시하다 보면 이를 위해 조직 차원에서의 성장도 함께 이루어져야 함을 깨닫게 된다. '꽃의 일상화'를 위해 정기구독을 강조해야 한다는 브랜드 방향성이 나왔는데, 여전히 모든 팀원의 업무가 '꽃다발 카테고리의 상품군을 늘리기 위해 한 달에 꽃다발 상품 2개씩 론칭하기'로 정해져 있다면 어떻게 될까? '목표 매출 달성'이라는 OKR이 주어졌는데 각 팀원들은 무엇을 해야 이를 달성할 수 있는지 전혀 모르고 있다면? 따라서 마케팅팀의 목표를 달성하기 위해 팀장이 제일 먼저 해야 하는 일은 팀이 브랜드 방향성을 따라 제대로 일할 수 있게 만드는 것이다. 그러려면 팀이 하나의 유기체처럼 움직일 수 있도록 구조화하는 작업이 필요하다. 팀원 전체가 우리의 목표를 동일하게 이해하고, 각자 자신의 일과 다른 팀원의 일을 파악한 상태에서 목표를 향해 나아갈 수 있게 팀을 촘촘히 설계해야 한다.

① 우리 팀에는 우리 팀만의 원칙이 있어야 한다

앞서 여러 번 언급했듯이 마케터는 하루에도 수십 번씩 의사결정의 상황에 놓인다. 그 수많은 결정의 순간마다 팀원들이 팀장을 찾아와 어떻게 해야 하는지 물어본다면 팀장은 다른 일을 할 틈이 없을 것이다. 팀원들도 스스로 결정을 내릴 수 있게끔 브랜드의 방향성과 함께 기준이 되어줄 '우리 팀만의 원칙'이 마련되어야 한다. 이를 마련하는 것은 당연히 팀장의 몫이다. 내가 꾸까에서 세운 마케팅팀의 원칙은 다음과 같다.

꾸까 마케팅팀의 원칙(우선순위순으로)

1. 월별 목표 매출액 달성: 이 일이 마케팅 월별 목표 매출 달성에 도움이 되는가?

2. 목적 달성(브랜드 방향성 정립): 이 일이 '꽃의 일상화'라는 방향성에 부합하는가?

3. 핵심 서비스 정립: 우리의 핵심 서비스는 '꽃 정기구독'인데, 이 일로 정기구독 서비스를 강화할 수 있는가?

4. 효율성: 예상 매출액 대비 업무 리소스가 크게 발생하는가? 그럴 경우 논의를 통해 해당 업무는 보류한다.

이렇게 원칙을 세팅한 다음 전사적으로 '마케팅팀은 이런 원칙에 맞춰 일을 진행하겠습니다'라고 공표했다. 원칙에 맞지 않는 일은 시작조차 하지 않겠다고 선언하며 다른 팀의 협조와 약속을 구한 셈이다. 가장 우선되어야 하는 원칙은 역시 '목표 매출 달성'이다. 마케팅팀이 하는 모든 활동은 목표 매출을 달성하는 데 도움이 되어야만 한다. 다만, 동일한 목표를 향하더라도 '꽃의 일상화'라는 브랜드 방향성에 적합한지 확인한다. 여기에 우리 브랜드의 핵심 서비스인 '꽃 정기구독'을 강화할 수 있다면 더욱 좋을 것이다. 마지막 원칙은 효율성인데, 진행하려는 활동이 앞선 세 가지 원칙에 부합하지만 필요한 시간이나 인력, 비용 등이 너무 많다고 판단되면 팀장과의 논의를 거쳐 진행 여부를 결정한다는 내용이다.

이렇게 원칙이 확실히 세워졌을 때의 가장 큰 장점은 팀원 모두가 팀장의 의사결정을 예측할 수 있다는 것이다. 만약 팀장이 회사나 비즈니스의 현황에 따라 매번 다른 기준으로 결정하거나 예외 사항을 자꾸 만들면 팀원들은 늘 팀장에게 확인을 받아야 하고 눈치를 살피게 된다. 원칙만 잘 갖춰두면 이런 비효율적인 상황은 일어나지 않는다. 실제로 꾸까에서 마케팅팀의 원칙을 세워 공유하자 팀 내의 혼란이 줄어들고 팀원들이 다른 팀과 업무를 논의할 때도 일관된 목소리를 낼 수 있게 됐다.

② 팀원 모두가 이해하는 실질적인 목표가 필요하다

팀장이 세운 원칙을 실제 비즈니스에 적용하려면 이를 위한 실질적인 목표가 제시되어야 한다. 그리고 이 목표를 팀원 모두가 이해하고 공감할 수 있어야 한다. 내가 꾸까에 합류했을 때 마케팅팀이 달성해야 할 목표 매출은 있었지만, 팀원들이 이해할 수 없는 거대한 숫자일 뿐이었다. 구체적이고 실질적인 목표가 없으니 무엇을 달성해야 하는지 알지 못하는 것이 당연했다. 그래서 나는 우리 팀만의 원칙 세우기에 이어서 '팀원이 이해할 수 있는 단위로 목표를 가시화하기'에 돌입했다.

먼저, 앞서 세운 원칙과 이전의 데이터에 기반해서 연도별·분기별·월별 목표와 계획을 정리했다. 예를 들어 우리 팀에 주어진 월별 목표 매출이 6억 원이라면, 그 액수가 너무 커서 의미가 잘 와닿지 않는다. 그렇다고 팀원별로 누구는 2억 원, 누구는 3억 원 하는 식으로 숫자를 나눠주는 것 역시 별 의미가 없다. 목표를 가시화하려면 6억이라는 숫자를 굉장히 세분화하여 제시해야 한다. 나는 회사에서 전달받은 연간 목표 매출을 월 단위로 쪼개고, 월별 목표를 다시 카테고리별로 쪼갰다. 그리고 카테고리 내에서는 업무(캠페인)와 상품에 따라 각각 얼마의 매출을 달성해야 하는지 설정했다. 이때 브랜드 방향에 맞춰 메인 카테고리의 목표 매출액을 다른 것보다 높게 잡음으로써 마케팅 활동이 자연스럽게 메인 카테고리에 집중될 수 있도록 했다. 그렇게 구체적으로 분산한 연도별·분기별·월별 단위의 계획표를 준비해서 팀원들과 진행 및 운영에 대해 논의하는 것이다.

P&G에서는 팀 단위의 업무 플랜을 짤 때 자기시장잠식cannibalization(한 기업의 신제품이 기존 주력 제품의 시장을 잠식하는 현상)까지 계산하면서 계획했는데, 스타트업인 꾸까에서는 적은 인력으로 당장 살아남는 것이 더 중요했기 때문에 그만큼 과학적인 접근을 하기에는 한계가 있었다. 그래서 전년의 매출액과 월별 트렌드에 맞춰 목표를 세운 다음, 그 트렌드와 목표의 차이gap를 확인하는 방식을 택했다. 이 목표 매출액을 카테고리별로 세

그렇게 진짜 마케터가 된다

실질적인 목표를 제시하기 전과 후의 업무 플랜

목표 제시 전

2월의 목표 매출	1월	2월
팀 목표(To be)	5억	6억
내가 해야 할 일	한 달에 2개 상품 론칭	한 달에 2개 상품 론칭

목표 제시 후

1단계

2월의 목표 매출	카테고리별 매출	1월	2월	Gap
팀 목표 (To be)	총매출	5억	6억	
	A 카테고리	2억	3억	+1억
	B 카테고리	2억	2억	-
	C 카테고리	1억	1억	-

2단계

카테고리	플랜	예상 매출액
A 카테고리	(신규) 유저 모집 프로그램	5,000만
	(온고잉) 전환 프로그램	2억

분화하며 배분하는 것만으로도 충분한 성장을 이끌어낼 수 있는 상황이라고 판단한 것이다. 예를 들어 특정 캠페인을 진행할 경우 연간 브랜드 목적과 목표를 먼저 세우고, 이를 위해 분기별·월별 캠페인을 어떻게 진행할지(목표 매출, 주요 메시지, 메인 상품 등) 계획했다.

그 결과 팀원들은 자신이 어떤 업무를 왜 해야 하는지 이해할 수 있게 됐다. 앞의 표에서와 같이 예전에는 주어진 목표와는 상관없이 '한 달에 2개의 신상품을 론칭하기'에만 몰두했다면, 이제는 '2월에는 갭이 발생하는 A 카테고리에 더 집중해야 한다', 'A 카테고리에서 예상되는 매출에 이번 달 목표치에 미달되므로 추가 플랜을 세워야 한다'와 같은 이슈를 스스로 생각해내고 팀과 논의할 수 있게 된 것이다.

본격 구조화 작업

팀을 위한 원칙과 목표가 준비됐다면 이제 본격적으로 팀의 구조를 갖출 차례다. 팀 전체가 한 몸처럼 움직이려면 파트와 파트, 업무와 업무, 팀원과 팀원, 팀원과 팀장이 서로 긴밀하게 연결되는 동시에 효율적으로 분리되어야 한다.

그렇게 진짜 마케터가 된다

① 팀 내 역할과 책임에 따른 파트 구분

마케터의 일은 여러 파트의 협업 아래 이루어진다. 그런데 협업이 잘 이루어지려면 일단 서로 다른 파트들의 영역이 잘 구분되어 있어야 한다. 각각의 팀원들이 가지는 강점이 모두 다르므로 팀장은 이를 파악해서 팀원들의 R&R_{Role&Responsibility}을 명확히 세팅한다. 그래야 새로운 일이 발생했을 때 그것이 누구의 일인지 고민하지 않고 바로 배분할 수 있다. 팀원의 입장에서도 자신이 어떤 역할을 수행해야 하는지 확실하게 인지하게 되므로 어떻게 해야 그 역할을 더 잘 해낼 수 있는지 고민하며 성장하게 된다. 내가 꾸까에 입사한 당시에는 팀원들이 병렬적으로 각자 독립된 업무를 맡고 있었다. 나는 이를 업무의 성격에 따라 다음의 2개의 파트로 재분류했다.

· 상품 기획 파트: 신상품 론칭 등 상품 관리 담당
· 브랜드 마케팅 파트: 브랜드 마케팅 및 광고 담당

그리고 각 파트별로 담당하는 업무를 구체적으로 설정해서 파트 간 혼란이 없도록 노선을 정리했다. 공통의 매출 목표 아래 유기적으로 일할 수 있는 시스템이 갖춰진 셈이다.

일이 되게 만드는 팀 구조화

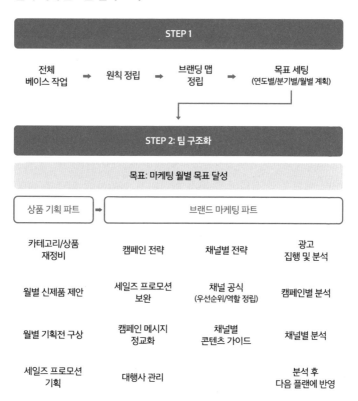

② 각 파트의 업무 고도화

우리 팀을 위한 원칙이 필요한 것처럼 각 파트를 위한 원칙도
필요하다. 그래야 각 파트에서 주어진 업무를 심층적이고 효과
적으로 수행할 수 있기 때문이다. 상품 기획 파트는 상품의 개수

를 늘리는 양적 향상보다 상품 전략의 '질적 향상'을 목표로 삼았다. 카테고리별 목적과 상품별 역할을 정비함으로써 각 상품의 퀄리티를 높이는 일에 주력한 것이다. 이를 위해 세운 상품 기획 파트의 원칙은 다음과 같다.

· 핵심 서비스인 꽃 정기구독 서비스에 집중한다.

· 꽃다발 카테고리에서는 더 이상 상품 수를 늘리지 않고, 전체 매출의 80%에 해당하는 O개의 상품만 판매한다.

· 만약 꽃다발 카테고리에 신상품을 출시할 경우 상품의 명확한 목적이 전제되어야 한다.

이렇게 원칙을 세우니 판매 수량은 많지만 객단가가 너무 낮아 고객의 지불금액을 낮추고 상품 포장의 비효율을 가져오는 상품들의 판매를 과감하게 종료할 수 있었다. 상품의 종류를 줄이면서 확보된 시간은 남은 상품들의 퀄리티와 디자인을 높이는 데 활용했다. 동시에 상품의 가격 구조나 사은품, 할인 행사, 쿠폰 개발 등 판매 프로모션에 집중하자 이전보다 적은 수의 상품으로도 매출액을 높일 수 있었다.

한편, 브랜드 마케팅 파트는 캠페인과 채널 운영의 기준이 되는 연간 플래닝을 잘 세우는 데 집중했다. 다 함께 모여 전체 브랜드 컨셉을 정의하고 연간 계획을 수립한 다음, 최신 트렌드를 반영해서 분기별 계획을 마련하며 카테고리 단위로 목표치를 잡았다. 월별 계획을 세울 때는 각 캠페인별로 전달할 메시지와 달성할 매출액, 이후 월별로는 각 캠페인별로 전해야 하는 메시지, 달성해야 하는 매출액, SKU_{Stock Keeping Unit}*별 매출액 등 보다 세부적으로 접근하며 계획을 세웠다.

인지도 향상, 신규 유저 확보, 매출 확대 등 캠페인마다 목표를 명확히 했고, 캠페인별 광고비와 매출액을 체계적으로 계획했다. 기존에는 상품을 기획하는 사람이 홍보도 수행했기 때문에 '광고를 집행했다' 정도에 그쳤지만, 이제는 각자의 담당 영역이 분명해서 이번 달 목표를 이루기 위해 광고비를 얼마나 집행해야 하는지부터 기존 고객에게 홍보 이메일을 보낼 경우 언제 몇 번 보낼지까지 정리할 수 있었다. 그 결과 단순히 새로운 상품의 출시를 홍보하던 것에서 한층 나아가 고객의 니즈에 따라 카테고리별로 캠페인을 운영할 수 있게 됐다.

③ 팀원의 업무 현황을 파악하는 미팅 구조화

아무리 파트와 업무를 잘 나누고 설계했다고 해도 그 업무가 어떻게 진행되고 있는지 현황을 알지 못한다면 소용이 없다. 각 팀원이 자신의 업무를 제대로 이해하고 있는지, 팀 내에 새로운 이

---

* 상품의 가장 기본적인 단위.

슈는 없는지 지속적으로 공유하는 시간이 필요하다. 나의 경우 주간 미팅을 통해 이를 체크한다. 팀에서 공통으로 사용하는 주간 스케줄 시트 양식을 만들고, 매주 월요일 오전에 각자의 주간 스케줄을 가지고 모여서 업무가 일정대로 이뤄지고 있는지 팀원들과 이야기를 나눈다. 월별 목표를 달성하기 위해 해야 하는 일을 단계별로 구분해서 이를 잘 수행하고 있는지 확인하는 것이다. P&G에서도 주간 회의를 진행했는데, 업무를 주 단위로 업데이트했다는 점이 다르다. 스타트업인 꾸까는 업무 사이클이 빠르게 돌아가고 변수도 많아 일 단위로 더 세세하게 쪼개서 보았다.

주간 미팅은 지난주의 이슈를 확인하고, 이번 주에 집중해야 할 업무의 합을 맞추며, 각자 겪고 있는 어려움을 공유하는 자리다. 회의에서 오간 이야기가 우리의 원칙에 부합하는지 살펴보고 그렇지 않다면 보류하는 결정도 내린다. 반대로 원칙에 부합하는 신규 업무가 발생하면 팀 내 R&R에 맞춰 업무를 배분한다. 주간 미팅은 팀 전체가 원칙과 방향성, 그리고 이달의 목표를 리마인딩하는 자리이기도 하다. 이는 팀원들이 자신의 목표와 이를 달성하기 위해 필요한 업무를 좀 더 분명히 파악하게 해주는 효과도 가져왔다.

회사의 목표와 환경은 계속 변화하기 때문에 위의 방법이 팀 구조화의 유일하고 절대적인 방법이라고 말하기는 어렵다. 그럼에도 이렇게 자세히 다룬 이유는 세상엔 문제가 전혀 없는 조직도도 없고 영원한 조직도도 없기 때문이다. 팀의 구조는 언젠가 바뀌게 되어 있다. 그런데 체계적인 구조화를 경험해본 사람은 어떤 방식으로 조직을 개편하든 '브랜드가 나아갈 원칙'을 늘 고려해야 한다는 것을 체화하게 된다. 때문에 조직에서 어떤 변화가 일이니도 현명히게 대응할 수 있는 것이다.

그렇게 진짜 마케터가 된다

팀과 팀의 커뮤니케이션이 중요한 이유

마케팅 팀장으로서 팀 내의 구조를 잘 다지는 이야기에 이어서 이번에는 팀 외부와의 관계를 잘 쌓는 방법을 소개하려 한다. 마케팅 활동에 있어 다른 팀과의 협업은 필수다. 협업의 시작이자 끝은 역시 커뮤니케이션이고, 팀과 팀 사이의 커뮤니케이션은 대체로 팀장이 맡는다. 예를 들어, 브랜드 캠페인을 진행하게 되면 담당 마케터가 지정될 것이고 그 마케터는 캠페인을 실행하기 위한 실무적인 내용을 고민한다. 이때 마케팅 팀장은 상부와의 논의를 거쳐 예산 등을 확보하고, 생산팀과 이야기를 나눠 늘어날 수요에 대비한다. 말하자면 팀원이 자신의 롤을 잘 해내도록 다른 팀과 의견을 조율해서 서포트해주는 것이다.

우리 팀의 일을 잘하려면 다른 팀의 일도 알아야 한다

우리 팀이 중요하게 생각하는 프로젝트를 다른 팀도 중요하게 생각한다는 보장은 없다. 회사는 이해관계로 얽힌 집단이다. 우리 팀에겐 중요한 일이 다른 팀에겐 이득이 되지 않거나 손해가 될 수도 있고, 그보다 더 중요한 일이 있을 수도 있다. 그럴 경우 회사 내의 이해관계들이 서로 충돌하게 된다. A라는 상품이 너무 많이 제작되어 추가 마케팅을 진행해서 판매량을 늘리든지 폐기해서 재고 관리 비용을 줄여야 하는 상황이라고 가정해보자. 마케팅팀은 상품의 폐기 비용과 광고 비용을 비교해 어느 쪽이 더 경제적인지 고민할 것이다. 그런데 상품 폐기는 생산팀의 영역이고 비용도 생산팀이 부담한다. 그러니 생산팀은 광고 비용이 많이 들어도 마케팅팀이 다 팔기를 원한다. 이런 충돌은 어떤 회사에서든 발생할 수밖에 없다. 그리고 회사 내 여러 팀들 중에서도 다른 팀과 협업하고 교류할 일이 많은 마케팅팀의 특성상, 다른 팀과 잘 소통하고 좋은 관계를 쌓는 것 역시 마케팅팀장의 역량이라 할 수 있다.

이런 문제를 줄이고 협업으로 시너지를 내려면 다른 팀의 니즈를 파악해서 우리가 하는 일이 그 팀의 니즈에 부합하도록 만들면 된다. 우리 팀이 중요하게 다루는 프로젝트가 다른 팀에게는 중요하지 않을 경우에는 그 프로젝트가 그 팀에게도 중요한 업무가 되도록 할 방법을 찾는다. 그 팀의 주요 OKR을 확인해서 우리 프로젝트와 그 OKR을 연결할 수 있는 부분을 찾을 수도 있고, 상부를 설득하여 회사 차원에서 그 프로젝트의 중요도를 높일 수도 있다. 예를 들어, 이번 마케팅 캠페인에 디자인팀의 작업이 많이 필요한데 디자인팀은 다른 업무로 바쁜 상황이라면 브랜드의 방향성을 기준으로 무엇이 시급하고 중요한지 상부와 논의하는 자리를 가진다. 그 결과 우리 프로젝트가 더 중요하다면 디자인팀은 이를 우선적으로 작업할 것이다. 하지만 기존에 작업 중인 일이 더 중요하다면? 그럴 땐 한 발 물러나 양보하는 수밖에 없다. 단, 우리 프로젝트가 밀리면서 발생할 수 있는 일정 지연이나 손해 등 비즈니스의 마이너스 요소를 상부에 미리 공유함으로써 추후 이로 인해 마케팅팀에 문제가 되는 일이 없도록 해야 한다. 이렇게 팀장이 주변 환경을 구축하고 핸들링하면 팀원들은 일 자체에만 집중할 수 있게 된다.

'조율'하는 팀장

내게 마케팅 팀장이 가져야 할 단 하나의 역량을 꼽으라면 '조율'이라고 답할 것이다. 팀장은 오케스트라의 지휘자와 같다. 모든 악기들이 각각 어떤 소리를 내며 어떻게 연주되는지 알고 있지만 직접 연주하지는 않는다. 대신 전체의 악보를 보며 누가 소리를 더 내야 하는지, 누가 어느 부분에서 실수를 했는지, 어느 파트를 어떻게 다듬어야 더 좋게 들릴지 파악하고 조율한다. 팀장이 하는 일도 결국에는 조율이다. 팀의 내부든 외부든 여러 역할과 관계 사이에 선 팀장이 각각의 니즈가 무엇인지 파악하고 그 니즈가 최대한 충족되도록 적재적소에 세팅할 수 있어야 비로소 멋진 하모니가 완성된다.

그렇게 진짜 마케터가 된다

성장과 시너지를
가져오는 코칭

팀장이 되고 나서 했던 일 중 가장 어렵고, 가장 많은 시간을 쏟아야 했던 것은 '사람 관리'였다. 팀원일 때는 팀의 구성원으로서 맡은 바만 잘 해내면 됐지만, 팀장이 된 후에는 시간이 오래 걸리더라도 팀 단위로 일이 이뤄지게 해서 큰 그림을 그려내는 것이 더 중요했다. 이를 위해 원칙과 방향성을 제시하며 팀원들이 일을 잘할 수 있는 환경을 구축했고, 그렇게 갖춘 구조와 환경 속의 사람이 일할 수 있도록 만들어야 했다. 결국 사람 관리라는 것은, 좋은 사람들을 채용해서 그들이 시너지를 내며 일할 수 있게 코칭하는 것이다.

스스로 중심을 잡게 하는 가이드와 피드백

나는 팀장의 역할 중 팀원 코칭이 제일 중요하다고 생각한다. 그동안 만나본 다양한 팀장(매니저)님들을 돌이켜보며 어떤 팀장님이 가장 기억에 남고 롤모델로 삼고 싶었는지를 되짚어보면 내가 한 사람의 몫을 해낼 수 있도록 길잡이가 되어준 분들이 떠오른다. 당시에는 팀장님이 계속 내게 과제를 주고 데스드하는 것이 힘들고 싫었던 적도 있지만, 그분들이 내게 계속 과제와 질문을 던져준 결과로 오늘의 내가 있다는 사실을 이제는 안다. 내게 싫은 소리는 전혀 하지 않았으나 피드백도 주지 않는, 팀원을 평가하기만 하는 팀장님과 일했을 때를 떠올리면 나를 코칭해주는 팀장의 존재가 얼마나 소중한지 더욱 분명해진다. 스스로 무엇을 잘하고 무엇을 못하는지조차 모르는 채로 평가만 받아야 하는 상황이 팀원을 얼마나 무기력하게 만드는지 직접 경험해봤기에 그런 팀장이 되지 않으려 지금도 매일 노력하는 중이다. 그렇다면 마케팅 팀장은 팀원들을 어떻게 코칭해야 할까?

1단계

팀원이 해야 하는 일에 대한 올바른 가이드

3장에서 이야기했듯, 주니어 마케터들은 일을 맡게 된 순간 주어진 업무를 해내야 한다는 생각에 실무에 바로 뛰어들곤 한다.

팀장은 그런 주니어들이 보다 넓은 시야로 업무를 볼 수 있게 한 걸음 뒤에서 도와줘야 한다. 그 팀원을 왜 채용했는지, 맡게 된 직무의 목적과 목표가 무엇인지 설명하면서 전체적인 그림을 그릴 수 있도록 하는 것이 중요하다.

더불어 '일을 잘한다'의 기준이 되는 성공 지표_{success criteria}에 대해서도 논의해야 한다. 이해를 돕기 위해 3장에서 예시로 사용한 목적·목표·업무 표를 다시 가져와보았다. 이 예시에서 업무의 성공 기준을 정하지 않으면 단지 '앱 푸시를 보냈다'라는 업무 수행 자체에 만족하고 만다. 따라서 팀장은 '○만 명 이상의 신규 사용자를 모집했나?'라는 기준을 잡아줘야 한다. 나아가 비즈니스 상황이 좋으면 주니어 마케터가 별다른 노력을 하지 않았음에도 성공 지표를 달성하게 되는 경우가 있는데, 이에 대비해서 팀장은 주니어에게 기대하는 일 역시 성공 지표로 제시해야 한다. 예를 들자면 그동안 시도해보지 않은 신규 플랫폼에서 앱 푸시를 보낼 수 있게 새로운 플랫폼을 발굴해 컨택하기,

목적·목표·업무 표

목적	신규 사용자 모집		
목표	브랜드 침투율을 ○○%로 높이기 위해, 신규 사용자 ○만 명 모집		
업무	앱 푸시	샘플링	기타

신규 사용자 모집 프로젝트에 참여하지 않는 다른 브랜드 담당자를 설득해서 브랜드 스콥 넓히기 같은 것들 말이다. 정량적으로 측정이 가능해야 환경이나 상황의 변화에 상관없이 팀원의 업무를 객관적으로 평가할 수 있다. 일을 잘한다는 것에 대한 팀장과 주니어의 기준이 서로 다를 수 있으므로 이렇게 정의를 내리는 작업은 상당히 중요하다. 그 기준에 맞춰 일을 잘 해나가고 있는지 팀장과 주니어가 '주기적'으로 논의할 수 있는 시간을 마련한다면 더욱 좋다.

올바른 가이드는 팀원으로 하여금 작은 일에 매몰되지 않고 보다 넓은 시야로 자신의 일을 대하게 해준다. 어떤 일에 집중해야 할지 알고, 시간과 노력을 집중한다면 성장의 기회를 더 빨리, 더 많이 얻게 된다.

2단계

스스로 생각하게 만드는 명확한 피드백

팀장의 지속적인 피드백은 팀원을 성장하게 한다. 팀원이 해온 일을 보면서 직접적으로 좋다 혹은 나쁘다를 알려주는 것도 피드백의 한 방법이 되겠지만, 그보다 더 좋은 방법은 팀원에게 질문을 건네는 것이다. 그 답을 찾는 과정에서 팀원은 스스로 생각할 수 있게 된다. 이 대목에서는 내가 P&G에서 경험한 피드백을 이야기하지 않을 수가 없겠다.

P&G에서 근무한 지 1년 정도 됐을 즈음, 첫 매니저와 합을 맞추며 나름대로 성장했다고 생각하고 있던 차에 나는 새로운 매니저를 만나며 아직도 한참 부족하다는 사실을 깨달았다. 그 매니저는 내가 어떤 플랜을 가져가면 살펴보지도 않고 "그래서 현숙님의 프린시플principle이 뭔가요?"라는 질문만 던졌다. 그 질문을 받은 나는 당황스럽기만 했다. 하지만 내가 제대로 답변하기 전까지 매니저는 내 플랜을 읽어봐주지 않았다.

> '프린시플? 프린시플은 원칙인데… 원칙이 뭐냐니, 도대체 무슨 원칙을 말하는 거야?'

결론부터 말하자면, 매니저가 말한 원칙은 '내가 일을 진행하며 의사결정을 내리는 기준'을 의미했다. 즉, 맡은 일의 목적과 목표를 인지하는 것에서 더 나아가, 다뤄야 하는 플랜들이 많아져 서로 부딪히기 시작할 때 무엇을 우선순위로 선택할 것인지에 대한 이야기였다.

그런데 매니저는 이를 직접적으로 알려주는 대신 계속 질문만 던졌다. 그 질문에 답을 찾으며 내가 스스로 원칙을 세우는 법을 익히길 바랐던 것이다. 여러 번의 시행착오 끝에 내가 '비즈니스 임팩트가 큰 순서로 선택하겠다'라는 식의 답변을 가져오면, 또 다시 내가 생각지 못한 새로운 질문을 던졌다. 그렇게

'Principle'에 대한 논의만 몇 시간씩 거듭했고, 매니저의 질문들은 내가 고려하지 못한 부분을 정확하게 건드렸다. 마침내 내가 어떤 질문에도 명확한 원칙으로 답변할 수 있게 되자 매니저는 나의 세부 플랜은 보지도 않고서 말했다.

"진행하죠!"

목적과 원칙이 모두 확실하니 세부적인 내용은 볼 필요가 없어진 것이다. 이 시기 나는 매주 성장하고 있음을 스스로 느꼈다. 지난주의 내가 보지 못했던 것을 이번 주의 나는 볼 수 있었고, 어떻게 일해야 하는지가 날이 갈수록 선명해졌다. 이 경험을 통해 나는 피드백의 핵심은 '팀원이 스스로 생각할 수 있게 하는 것'임을 자연히 알게 됐다. 만약 매니저가 처음부터 내게 '비즈니스 임팩트가 큰 것부터 선택하면 된다'라고 알려주었다면 나는 다른 기준이 필요한 상황에서도 계속 비즈니스 임팩트만 고집했을지도 모른다. 당시 매니저에게도 계속 질문하며 올바른 답을 하기를 기다리기만 하는 일이 쉽지만은 않았을 것이라 생각한다. 하지만 그분은 스스로 생각하는 과정을 겪어본 적이 아예 없을 때 그 틀을 깨고 나오도록 하는 게 가장 어렵고도 중요하다는 사실을 알고 있었던 것이다.

시야를 넓히고 판단력을 기를 수 있도록

3단계

더욱 발전할 수 있게 하는 새로운 과제

피드백을 통해 현재 하고 있는 일을 다루는 팀원의 능력이 성장한 것이 느껴진다면, 이번에는 그 일을 넘어 더욱 발전할 수 있게 새로운 과제를 던져줄 차례다. 한 차례 성장하고 나서 시간이 조금 지나면 하고 있는 일에 익숙해지는 순간이 온다. 일에 익숙해지면 더 이상 고민하지 않고 그동안 해온 루틴대로 오퍼레이션만 하게 되기 쉽다. 그때 팀장의 코칭이 필요하다. 그러기 위해 팀장은 팀원보다 한 차원 높은 곳에서 팀원의 업무를 바라보며 그것이 MECE~Mutually Exclusive Collectively Exhaustive~** 한지 체크할 수 있어야 한다. 그래야 누락되는 부분 없이 분석할 수 있기 때문이다.

예를 들어보자. 앱 푸시 업무를 맡고 있는 팀원이 결과 분석을 통해 '앱 푸시로 매출을 높이려면 더 많은 고객들이 유입되어야 하는데 어떻게 해야 하지?'라는 고민만 하고 있다. 이를 발견한 팀장의 머릿속에는 '매출=트래픽×전환율×객단가'라는 식이 떠올라야 한다. 그렇게 MECE하게 문제를 살펴보면 팀원이 트래픽(더 많은 고객 유입) 파트만 생각하고 있음을 알 수 있다. 따

** 상호 배제와 전체 포괄. 항목들이 상호 배타적인 동시에 모였을 때는 완전히 전체를 이루는 것을 의미한다.

라서 '앱 푸시 메시지를 개선해서 전환율을 높일 수 있을까?' 혹은 '객단가가 좀 더 높은 상품으로 푸시해보면 어떨까?' 등의 과제를 주며 팀원이 놓친 부분에 대해 팀원에게 일깨워주면 된다.

지금 하고 있는 업무뿐 아니라 새로운 업무에 관한 과제도 제시해야 한다. CRM을 맡고 있는 팀원이 현재 보유한 채널들을 효과적으로 운용하는 방법에 대해 충분히 러닝을 쌓은 것 같아 보일 경우, 이번에는 그동안 사용하지 않았던 채널을 고민해보라거나 지금 업무에 들어가는 시간을 줄이기 위해 적절한 자동화 플랫폼을 찾아보라는 요구를 하는 것이다. 이런 과제들은 팀원들이 하고 있는 업무에만 갇히지 않고 자신의 영역을 넓힐 수 있게 해준다.

4단계

팀원의 전체 커리어패스를 고려한 의사결정

팀 단위로 마케팅을 진행하며 그 일이 잘되는 것에만 집중하다 보면 전체 프로세스를 잘게 쪼개서 팀원들에게 배분하는 것이 가장 효과적이라는 걸 알게 된다. 이미 숙달된 사람이 그 일을 계속하는 것이 리스크가 적고, R&R의 잦은 변경은 팀을 운영하는 데 그리 효과적이지 않다. 하지만 이는 숫자, 즉 목표 매출 달성이라는 측면에서만 보았을 때의 이야기다. 팀원들의 커리어패스를 위해 이와 정반대의 결정을 내려야 할 때도 있다.

　그렇게 진짜 마케터가 된다

팀장 자신의 커리어패스가 중요한 만큼, 각 팀원들의 커리어 패스도 중요하다. 어떤 회사에서는 팀장이 전체 그림을 보고 팀원들은 마케팅 채널별로 업무를 분담한다. 한 팀원은 검색 광고만 다루고, 또 다른 팀원은 인스타그램 관리만 맡는 식이다. 그리고 배정된 업무는 바뀌지 않는다. 그렇게 고정적으로 일하는 것이 팀으로서는 효율적일지도 모른다. 하지만 여기서 놓친 것이 하나 있다. 마케터는 결국 전체적인 비즈니스를 보고 이끄는 사람이라는 것이다. 그런데 전체의 아주 작은 일부만 보면서 일한 마케터들은 시간이 지나 이직을 해야 할 때 어려움을 겪게 된다. 이직하려는 회사에서 전체 그림을 그리며 미디어 믹스를 설계해본 경험이 있는지 물어보는데 그것은 팀장의 영역이었으니 당연히 할 줄 모르기 때문이다. 실제로 경험해본 업무 스콥이 작아 이직 시 원하는 곳에 지원조차 하지 못하고 포기하게 되는 경우를 종종 목격하곤 한다.

팀장은 자신의 팀원들에게 지금의 회사가 마지막 회사가 아니라는 점을 기억해야 한다. 그래서 팀원들이 '마케터의 A to Z'를 경험해볼 수 있도록 주기적으로 R&R을 조정해주기도 하고, 사수-부사수를 지정해주기도 하면서 그들의 커리어패스를 함께 고민해야 한다. 업무를 진행하는 사이사이에 팀원들이 어떤 부분을 어려워하는지 잘 관찰해서 이를 극복하고 성장할 기회를 주는 것도 팀장의 역할이다. 물론, 팀장의 결정을 모든 팀원들이 반기지 않을 수도 있다. 모두가 하고 싶어하는 파트가 있는가 하면 모두가 꺼리는 파트도 있기 마련이며, 일이 바뀌는 것을 원하지 않음에도 다른 팀원의 기회를 위해 새로운 일을 맡아야 하는 팀원이 생길 때도 있을 것이다. 그래서 때때로 팀장은 팀원들의 원망을 사기도 한다. 그럼에도 이런 결정을 내리는 것은 각 팀원들이 전체 그림을 잘 그리는 마케터로 성장해 비즈니스 리더의 롤을 수행해낼 수 있도록, 그래서 스스로 만족할 수 있는 기리어 패스를 만들어나갈 수 있도록 하기 위해서다.

팀원의 성장은 팀장의 '일'이다. 팀원의 성장을 위한 노력과 고민을 팀원이 몰라주거나 심지어 오해하더라도 말이다. 이번 글을 쓰면서 그동안 내가 어떤 팀장이었는지 되돌아보았다. 부족한 부분도 많았지만 확실하게 잘했다고 말할 수 있는 한 가지는 나 자신의 성장만큼 팀원들의 성장에도 많은 관심과 시간을 쏟았다는 것이다. 함께 일했던 팀원들이 어느 날 문득 나를 떠올리며 '그 팀장 덕분에 일이 참 많이 늘었지'라고 생각한다면, 팀장으로서 그것만큼 뿌듯한 성과도 없을 것이다.

팀장의 자리에 서지 않으면
볼 수 없는 것

팀장이 되면 팀원일 때보다 확연히 넓어진 시야로 비즈니스를 바라보게 된다. 개인적으로 팀장이 되고 나서 겪은 변화 중 이 점이 참 좋았다. 실무를 충분히 이해하되 그 일에 너무 파묻히지 않고, 우리의 일이 회사에서 어떤 역할을 하는지 확인할 수 있으며, 여러 일들을 조율해가면서 전체를 만들어가는 과정이 즐거웠다. 하지만 미처 몰랐던 팀장만의 고충을 맞닥뜨리며 당황스러웠던 적도 많다. 여러분은 이에 대해 미리 알아두고 자신이 팀장이 된다면 이를 잘 해결해나갈 수 있을지 고민해보는 기회를 가져보면 좋겠다.

사람과 사람, 팀과 팀 사이의 이해관계

팀장이 되면 사람과 사람, 팀과 팀을 대하는 데 있어 '이해관계'가 형성될 수밖에 없다. 그 가운데에서 서로를 지키려면 '적당한 거리감'이 필요하다. 주니어는 일이 바쁘고 힘들긴 해도 이해관계의 충돌을 겪을 일은 거의 없다. 맡은 바를 잘 해내서 매니저에게 인정받고, 주니어들끼리 도움을 주고받으며 성장하면 된다. 하지만 팀장은 다르다. '숫자에 대한 책임'을 져야 하기 때문이다. 팀장이 되는 즉시 무조건 달성해야만 하는 팀의 OKR이 주어지는데, 이 목표가 생기는 순간부터 이해관계들이 생기기 시작한다.

> "너의 팀원이 일을 못한다면 어떻게 해야 할까?"

주니어 시절, 매니저가 내게 이런 질문을 건넨 적이 있다. 나는 "그 친구가 성장할 수도 있으니 기다려줘야죠. 내 사람인데 챙겨서 함께 가야 하지 않을까요?"라고 답했다. 그런데 나의 대답에 매니저는 아주 단호하게 '그렇지 않다'라고 하는 것이 아닌가? 그리고는 마케터는 어떤 의사결정을 하든 비즈니스의 성장에 초점을 맞춰야 하는 동시에 그 결정의 임팩트를 고민해야 한다고 덧붙였다. 내가 일을 못한다고 생각하는 팀원이 실은 우리 회사와 잘 맞지 않는 것일 뿐 충분한 역량이 있는 사람인데 내가 그의 기회를 막는 것일 수도 있고, 그 팀원과 함께 가겠다는 나의 결정으로 브랜드의 매출액이 하락해 공장의 가동을 줄이거나 멈추면 공장 근로자들이 일자리를 잃을 수도 있는 문제라는 것이다. 그때까지 나의 결정이 미칠 수 있는 영향력에 대해 깊이 있게 생각해보지 못했던 나는 이 대화로 적잖은 충격을 받았는데, 그러면서도 내심 과장된 이야기인 것 같다고 생각했다.

그날의 이야기를 제대로 이해하게 된 것은 내가 팀장이 되고 난 후였다. 그 전까지는 그 매니저를 비롯해 팀원들에게 끊임없이 과제를 주고 테스트하며 밀어붙이는 팀장들이 냉철하게만 보였다. 하지만 팀장이 되어보니 팀장은 그렇게 해야 한다는 걸 비로소 깨달을 수 있었다. 팀장이 팀원들을 밀어붙이며 성장시켜야 목표를 달성할 수 있고 브랜드가 성장한다. 우리 팀의 성과는 곧 회사의 인정으로 이어지고 팀원들의 회사 내 입지도 좋아진다. 이런 과정을 꾸준히 밟아나가면 팀원들의 커리어도 탄탄해지게 되어 있다.

따라서 팀장은 팀원들을 오직 '동료'로서만 바라볼 수 없다. 팀원들은 함께 일하는 소중한 동료이면서 목표를 달성하기 위해 팀장에게 주어진 리소스이기도 하다. 주니어들끼리는 서로 응원하고 도와주며 일해도 괜찮다. 하지만 팀장은 그럴 수 없고 그렇게 해서도 안 된다.

때로는 '적당한 거리감'도 필요하다

이제 막 팀장이 된 신입 팀장들은 이해관계가 생긴다는 것을 머리로는 알지만 마음으로 알지 못해 실수를 하곤 한다(나 역시 그랬다). 주니어 시절처럼 팀원들과 친밀한 인간관계를 맺었다가 서로 마음이 상하는 것이다. 팀장으로 승진하면 바뀐 지위에 따라 시야가 달라지는데, 여기서 약간의 거리감이 생긴다. 내가 하는 일과 팀원들이 하는 일의 성격이 달라진 이상, 바로 어제까지 동료였던 사이였다고 해도 서로 털어놓지 못하는 것들이 생기기 시작한다. 예전에는 점심시간에 편하게 일 이야기를 나누고 회사에 대한 불평도 공유했지만 이제는 그럴 수 없는 것이다. 가령, 팀원일 때는 'A 광고 틀어봤는데 효과가 없더라'라는 말에 함께 공감하기만 했다면 팀장이 되고 나서는 '왜 A 광고만 있다고 생각하지? 다른 채널에 대해서도 고민해보면 어떨까?'라는 질문을 던져야 하는 입장이 된 것이다. 그렇다 보니 업무 고민을 나누는 사적인 자리에서 팀장은 말수가 줄어들 수밖에 없다.

특히 회사의 의사결정에 팀장으로서 함께 책임을 져야 할 때 그 거리감이 더 커진다. 회사의 결정에 스스로 설득되지 않더라도 팀장은 팀원들에게 설명하고 이를 납득시켜야 한다. 이를 듣는 팀원들은 팀장 역시 회사와 같은 의견이라고 생각하기 쉽고, 회사에 대한 불평은 팀장이 없는 자리에서 하고 싶어하게 되는 것이다. 이런 과정을 통해 팀원들끼리 끈끈해지는 것을 보고 있으면 '동료였던 사람들과 조금씩 멀어지면서까지 팀장을 해야 할까?' 하는 고민이 들기도 한다. 팀원들을 평가하고, 때로는 그들과 의견 충돌을 겪어야 하는데 어떻게 예전과 같을 수 있겠는가. 목표 매출의 달성을 위해 밀어붙일 때, 인사 평가 시즌이 됐을 때 등 팀원들과 친구처럼 지낼 수 없는 상황들이 거듭되면 비로소 '적당한 거리감'의 필요성을 알게 된다. 팀원들과 이해관계가 생겨난 이상 서로를 지키기 위한 적당한 거리감은 꼭 보장되어야 한다.

주니어 시절에는 일을 바라보는 시야가 좁다. 그렇다 보니 각각의 업무들을 해내는 것에 급급해서 쏟아지는 일들 속에 힘겨울 때도 많다. 그럼에도 그때를 돌이켜보면 힘든 순간마다 이를 함께 견디는 동료들이 있었다. 야근을 해도 즐거운 에피소드가 쌓였고, 평일에 그렇게 오랜 시간을 같은 공간에서 보내고도 주말에 약속을 잡아 놀러가기도 했다. 팀장이 되어보니 그 시간들은 '이해관계가 생겨나기 전, 주니어 때만 즐길 수 있는 선물'이었다는 생각이 든다. 아직 이해관계가 생기지 않은 주니어 마케터 분들이라면 다시 오지 않은 그 시기를 잘 즐겼으면 좋겠고, 이제 막 팀장 자리에 서게 된 신입 팀장 분들이라면 너무 아프지 않게 적당한 거리감을 배웠으면 좋겠다.

주니어를 위한
팀장 사용 설명서

팀장을 위한 별도의 트레이닝 프로그램이 있는 곳도 있지만, 대부분의 회사들은 팀의 운영 방식을 각 팀장의 재량에 맡긴다. 그렇다 보니 다양한 스타일의 팀장들이 생겨나는 한편, 팀장 스스로도 좋은 팀장이란 무엇인지를 체계적으로 배울 기회가 많지 않다. 그러니 주니어의 입장에서는 어떻겠는가. 팀장의 일과 역할에 대한 명확한 정보가 없으니 자신이 팀장에게 어디까지 요청할 수 있는지, 현재의 어려움과 고민을 털어놓아도 되는지 알수가 없다. 물론, 팀장이 어떤 일을 하는지 안다고 해서 주니어의 모든 어려움이 해결되는 것도 아니고, 자신과 잘 맞는 팀장을 골라 만날 수 있는 것도 아니다. 하지만 팀장의 일에 대해 이해하고 함께 일하는 것과 현재 팀장의 모습만 보고 '팀장은 이런 일을 하는 사람이구나' 하고 유추하며 일하는 것은 분명 다르다

그렇게 진짜 마케터가 된다

고 생각한다. 그렇다면 주니어가 팀장과 조금 더 쉽게 일하려면 어떻게 해야 하는지 함께 살펴보도록 하자.

새로운 팀장과 일하게 됐다면

① 팀장의 원칙부터 확인하자

마케터로서 일의 주도권을 가지려면 주어진 업무의 목적과 목표를 명확히 파악해야 한다고 앞서 설명한 바 있다. 팀장에게도 업무의 목적과 목표, 즉 OKR이 있다. 팀장의 OKR을 아는 것은 그리 어렵지 않다. 각 팀원들의 OKR을 합하면 그 팀의 OKR이 되고, 그것이 바로 팀장의 OKR이다. 이때 팀장의 OKR을 아는 것에서 한 발짝 더 나아가 그것이 나의 OKR과 어떻게 관련되어 있는지 파악할 수 있다면 더욱 좋다. 팀장의 OKR을 확인했다면, 그것을 달성할 때 팀장이 어떤 기준으로 의사결정을 내리는지도 알아야 한다. 다시 말해 팀장의 '원칙'을 확인해야 한다는 이야기다.

팀장의 목적 및 목표와 원칙을 파악해야 하는 것은 팀장과 더 잘 소통하기 위해서다. 주니어와 대화할 때 팀장의 머릿속은 다음과 같은 일정한 순서로 돌아간다.

> '이 팀원이 말하고자 하는 것이 전체 OKR 중 어디에 해당하지?'
>
> → '그 업무에 무슨 문제가 생겼다는 거지?'
>
> → '그 문제를 최대한 빠르게 해결하려면 난 무엇을 해야 하지?'

이러한 생각의 순서를 모른 채 팀장에게 내가 하고 싶은 말만 계속 늘어놓으면 어떻게 될까? 지금까지 이 일이 진행되어온 히스토리나 업무의 이해관계자와 주고받은 말 같은, (일을 실행하는 자신에게는 너무나 중요하게 느껴지지만) 팀장의 입장에서는 전혀 중요하지 않은 이야기들을 하게 된다. 불필요한 내용으로 대화가 분산되니 팀장은 "그래서 내가 뭘 해줘야 해요?"라고 묻고, 주니어는 말문이 막히는 장면이 펼쳐지는 것이다.

② 팀장의 업무 스타일 파악하기

팀장의 원칙과는 별개로, 팀장이 일하는 스타일도 알아야 한다. 세상에는 워낙 다양한 스타일의 팀장들이 존재한다. 자신이 세운 원칙 안에 있기만 하면 팀원들이 자유롭게 일하도록 두는 팀장도 있고, 팀원들의 활동 하나하나를 전부 확인하고 싶어하는 팀장도 있다. 새로운 팀장을 만나게 됐다면 가능한 빠른 시일 내에 그의 스타일을 파악해서 그에 맞춰 일하려는 자세가 필요하다. 나에 대한 평가를 내리는 것은 팀장이고, 팀장의 신뢰를 얻어야 나의 회사생활이 편해지기 때문이다. 팀원이 못 미더우면 팀장은 더욱 촘촘하게 업무를 체크한다. 매 순간 팀장의 컨펌을 받아야 하는 상황은 팀원에게 부담과 긴장을 안겨주고, 그로 인해 때로는 스스로가 봐도 어이없는 실수를 초래하기도 한다. 그래서 팀장과 함께 일하게 된 초기에 나의 능력에 대한 믿음을 잘 쌓아둬야 한다. 예를 들어 모든 것을 직접 확인하고 넘어가는 타입의 팀장일 경우, 자신의 업무 프로세스 단계마다 '팀장 공유'를 추가한다. 그렇게 업무를 두어 번 진행하면 팀장은 그 팀원을 볼 때 '이 팀원은 내가 요구하기 전에 알아서 진행 상황을 공유해오니 앞으로는 먼저 요구하지 않아도 괜찮겠군' 하는 생각을 가지게 되는 것이다.

믿고 맡길 수 있는 주니어가 되는 법

팀장의 신뢰를 얻으려면 기본적으로 자신의 일을 주도적으로 실행할 수 있어야 한다. 여기에 다음의 네 가지까지 갖춘다면 팀장이 믿고 일을 맡기기에 더할 나위 없을 것이다.

첫째, 팀장의 가이드나 평가를 그대로 받아들이기보다 스스로 생각해보는 자세를 갖자. 팀장은 단순히 팀원을 평가하기만 하는 사람도, 팀원에게 가이드만 주는 사람도 아니다. 평가나 가이드는 결국 그 팀원을 성장시키기 위한 수단이다. 그렇다면 팀원이 스스로 더 성장하려는 자세를 갖는다면 어떨까? 팀장의 입장에서 그런 팀원이 반갑지 않을 리 없다. 팀장마다 '일 잘하는 팀원'에 대한 정의가 다를 수는 있겠지만 나는 '팀장의 지시나 가이드가 합리적인지 자신만의 견해를 바탕으로 팀장과 이야기할 수 있는 사람'이라고 생각한다. 그 견해가 맞든 틀리든 업무의 합리성을 고민해보는 팀원과는 최종 목표에 대한 논의도 가능하기 때문이다. 그렇게 서로 의견을 나누다 보면 자연히 신뢰가 쌓이고, 주니어는 한 뼘 더 성장하게 된다.

둘째, 팀장의 OKR에 맞춰서 생각하는 습관을 들이자. 팀장은 팀의 목표를 달성하는 사람이다. 그래서 팀장의 OKR에 맞춰 생각한다는 것은 팀 단위의 OKR을 고려할 수 있다는 것과 같다. 예를 들어, 마케팅 팀장이 주니어 마케터에게 담당 채널의 전일자 매출액을 물어봤다고 해보자. 각 채널의 매출액은 그 업무의 담당자가 가장 잘 알고 있고, 팀장은 이를 확인하여 전체 목표 매출을 달성할 수 있는지 판단한다. 목표 달성이 어려워 보이면 팀장은 신속한 의사결정으로 보완 대책을 마련해야 한다. 팀장의 OKR을 아는 팀원은 담당 채널의 전일자 매출액에 대한 질문을 받는 순간, 팀장이 무엇을 확인하고 싶어하는지 캐치해낸다. 그래서 다음과 같은 답변이 가능하다.

그렇게 진짜 마케터가 된다

"A 채널의 어제 매출액은 300만 원입니다. 목표인 400만 원에 100만 원 미달된 상황이며, 이는 오늘 △△△ 액션을 실행하여 추가 달성할 수 있을 것으로 예상하고 있습니다."

"A 채널의 어제 매출액은 300만 원입니다. 목표인 400만 원에 100만 원 미달성했는데, 추가 달성할 방안을 찾지 못한 상태입니다. 다른 채널에서 매출을 더 올릴 수 있는지 확인이 필요합니다."

이처럼 팀장의 액션을 팀원이 미리 고민해서 제시해줄 수 있다면 팀장의 다음 스텝이 훨씬 수월해진다.

셋째, 내 일의 현황과 과정을 팀장에게 계속 공유하자. 팀장은 일에 문제가 생기면 책임지는 사람이다. 그런데 실무를 맡은 주니어가 문제가 발생했음에도 이를 알리지 않고 묻어두고 있다가 수습할 수 없는 때에 이르러 뒤늦게 알리면 어떻게 될까? 아무런 시도도 해보지 못하고 팀장이 책임만 지는 상황이 벌어진다. 이런 상황을 방지하고 팀의 전체 일이 매끄럽게 진행될 수 있게 하려면 꾸준한 공유만큼 확실한 방법도 없다. 특히 실수가 발생하거나 뜻밖의 변수를 마주했을 때는 이에 대해 팀장이 빠르게 인지할 수 있도록 해서 도움을 받아야 한다. 그래야 팀장도 안정적으로 일을 풀어나갈 수 있다.

넷째, 내 일을 주도적으로 하는 것과는 별개로 팀장이 해야만 하는 일은 정확히 요청한다. 예를 들어 다른 팀과의 이해관계가 충돌했을 때는 팀원 선에서 정리하기 쉽지 않다. 팀과 팀, 혹은 회사 전체와 관련된 커뮤니케이션은 팀장이 하는 것이 맞다. 따라서 어떤 업무에서 어떤 이유로 무슨 문제가 발생했는지 팀장에게 분명하게 전달하여 팀장이 이를 컨트롤할 수 있도록 해야 한다. 그래야 팀원으로서 처리해야 하는 일을 더 잘 해낼 수 있다.

합리적이고 상식적으로 팀을 이끄는 팀장만 있으면 참 좋겠지만, 그렇지 않은 경우도 많다. 사실, 주니어의 입장에서는 불합리하거나 비효율적인 방식의 팀장을 만났어도 그 스타일에 맞추는 것 외에는 딱히 해결할 방법이 없다. 나 역시 그런 상황을 여러 차례 경험해봤기에 얼마나 답답하고 불안한지 잘 알고 있다. 팁을 하나 전하자면, 나는 잘 맞지 않는 팀장을 만났을 경우 상황이나 팀장을 탓하기보다는 팀장의 어떤 모습이 내게 어려움이 되는지 기록했다. 이를 정리하다 보니 내가 되고 싶은 팀장의 상이 구체화됐고, 결과적으로 내 성장의 밑거름이 됐다. 여러분도 우리 팀장은 어떤 스타일이고, 이에 맞춰 나는 어떻게 일해야 하는지, 무엇을 스스로 하고 무엇을 요구해야 하는지 생각해본다면 분명 많은 도움이 될 것이다.

그렇게 진짜 마케터가 된다

나오며

처음 이 책을 쓰기 시작했을 때는 좋은 마케터가 되기 위해 고민하는 사람들에게 유의미한 책이 되기를 기대했다. 그런데 책을 완성하고 나니 독자 분들뿐만 아니라 내게도 유의미한 책이라는 것을 깨달았다. 글을 쓰면서 내가 잠시 잊고 지냈던 업의 본질에 대해, 마케터라는 직업을 사랑하게 된 이유에 대해 다시금 생각해볼 수 있었다. 본문에서도 이야기했듯이, 마케터가 되어 비즈니스를 키우는 일에 몰두하고 익숙해지면 숫자만 바라보게 되기 쉽다. '이 메시지가 정말 고객에게 공감과 울림을 주는가'라는 고민은 접어둔 채 아이디어를 목표 달성을 위한 수단으로만 보게 된다. 그것이 핵심이 아님을 분명히 알고 있었는데도 말이다.

책을 쓰며 내가 마케터가 되기 위해, 마케터로 일을 잘하기 위해, 팀장으로서 역할을 다하기 위해 어떤 고민과 노력을 거듭해왔는지 정리해볼 수 있었다. 그리고 앞으로는 아무리 바쁜 일상을 지내게 되더라도 이를 잊지 않고 사람들이 당연시하는 것들에 대해 그것이 정말 맞는지 '물음표를 던지는 사람'으로서 나아가겠다고 다짐했다.

이 책을 관통하는 하나의 단어를 꼽자면 단연 '원칙'일 것이다. 내가 속한 회사의 원칙, 내가 맡은 브랜드의 원칙, 내가 일하는 원칙, 나의 커리어를 만들어나가는 원칙 등 마케터에게 필요한 원칙들에 대해 계속 강조한 이유는 이 원칙들부터 똑바로 세우고 있어야 내가 정말로 즐겁게 할 수 있는 일을 찾아갈 수 있기 때문이다. 그렇게 갖추게 된 나의 원칙과 이를 발견하는 과정에서 얻은 깨달음을 책 속에 차곡차곡 담아보았다. 여러분이 가장 즐겁고 행복하게 할 수 있는 일을 찾는 데 이 책이 도움이 된다면 정말 기쁠 것 같다.

이 책을 집필하는 동안 아이를 낳았고, 현재 육아라는 새로운 세상에서 분투하는 중이다. 그러고 보면 아이를 키우는 것은 마케터가 브랜드를 키워가는 과정과, 또 책을 쓰는 과정과 많이 닮았다. 반복되는 일상 속에서 여러 시행착오를 거치며 조금씩 내 아이를 이해하게 되고, 어느 날 문득 정신을 차려보면 몇 달 새 부쩍 성장해 있는 아이를 발견하게 되는 것이 그렇다. 시간이 흘러

나의 2022년을 돌아보게 된다면 잠든 아이를 곁에 둔 채 마케터의 일을 고민하며 한 글자 한 글자 써 내려가던 날들이 그리워질 것 같다.

부록

마케터에게
'마케터의 일'을 묻다

세상에 의미 있는 변화를
가져오는 일

P&G 마케터
한혜진

° 인하우스 마케터

° PLC: 성숙기

° 인더스트리: 소비재

그렇게 진짜 마케터가 된다

Q. 안녕하세요? 자기 소개 부탁드립니다.

A. 안녕하세요. 현재 P&G 싱가폴에서 스킨케어 브랜드의 포트폴리오를 디자인하면서, 아시아·중동·아프리카 마켓을 맡고 있는 한혜진이라고 합니다.

Q. 먼저, 어떻게 마케터가 되셨는지 궁금합니다. 어쩌다 마케터를 꿈꾸고 마케터로 커리어를 시작하게 됐나요?

A. 사실 저는 처음부터 마케터를 꿈꾸지는 않았습니다. 다만 돌이켜보면 대학교에 다닐 때 창업 학회에 소속되어 있었는데, 이때부터 사람들의 문제를 해결하는 것에 흥미를 가졌던 것 같아요. 사람들이 어떤 문제를 가지고 있는지 정의하고 솔루션을 만들어가는 과정도 재미있었고, 사업을 직접 운영해보면서 브랜드를 만든 이후 어떻게 해야 지속 가능하게 성장시킬 수 있는지 고민해봤던 것 역시 인상적이었습니다. 이 경험이 제가 마케터가 되는 데 직접적인 영향을 준 건 아니지만, '소비자 중심'의 '문제 해결'에 관심을 갖는 계기가 됐습니다.

그러다 학회 구성원들과 함께 'P&G CEO Challenge'라는 공모전에 참여했고, P&G가 비즈니스를 보는 접근 방식이 제가 관심을 가지고 있는 '문제 해결'과 맞닿아 있음을 알게 됐습니다. 학교에서 과목 중 하나로 마케팅을 배울 때는 소비자 광고와 같은 커뮤니케이션 파트로만 한정해서 이해했었거든요. 그런데

P&G는 마케팅을 '브랜드/비즈니스 매니지먼트' 차원에서 브랜드를 만들기 위해 필요한 모든 것을 총괄하는 일로 바라보는 것이 흥미로웠습니다.

뿐만 아니라 '지속 가능한 비즈니스 모델'을 만드는 것을 꾸준히 공부하고 있던 지라 P&G가 180여 년이라는 긴 시간 동안 브랜드를 키워왔다는 점에서도 끌렸습니다. 그래서 공모전에서 수상한 이후 다른 회사에 지원하지 않고 P&G에 입사해서 거리어를 시작했어요. 하지만 제가 마케터가 된 건 브랜드를 만드는 데 필요한 모든 일을 총괄했기 때문입니다. 흔히 사람들이 생각하는 것처럼 커뮤니케이션 파트만 다뤘다면 마케터가 되지 않았을 수도 있다고 생각합니다. 대신 '문제 해결'을 배울 수 있는 다른 일을 찾았을 거예요.

Q. 그러면 혜진님은 마케터는 어떤 일을 하는 사람이라고 생각하나요? 또, '일 잘하는' 마케터는 어떤 마케터일까요?

A. 마케터는 말 그대로, 마켓과 관련된 모든 일을 하는 사람이라고 생각합니다. 소비자의 이야기를 듣고, 그들의 문제를 해결하고, 소비자가 자신의 문제가 해결됐는지를 인지할 수 있도록 잘 설명해주는 일까지 전부요.

그리고 마케터로서 '일 잘한다'라고 하려면 크게 두 가지 파트에서 능력을 가져야 한다고 생각합니다. 첫째, 컨슈머 마케팅 측면에서 호기심을 가지고 소비자의 문제에 공감하며 그 해결책을 잘 찾아 제시해야 합니다. 둘째, 브랜드 매니지먼트 측면에서 브랜드의 비전을 만들고 조직원들 모두가 하나의 목표를 보도록 만들어줄 수 있어야 합니다. 브랜드의 현 상황을 파악하고, 가야 할 목표를 위해 지금 무엇이 필요한지 확인하고, 비즈니스 차원에서 장애물들을 없애고, 장기적인 전략을 제시할 수 있어야 하죠.

Q. 그렇군요. 화제를 돌려서, 지금 혜진님께서 어떤 일을 맡고 계시는지 간단히 설명 부탁드려요.
A. P&G는 크게 매출액 달성 등 실행에 집중하는 조직과 브랜드 빌딩에 더 집중하는 조직으로 나뉩니다. 저는 현재 후자에 속해 있고, 그중에서도 스킨케어 카테고리의 아시아·아프리카·중동 마켓을 총괄하고 있습니다.

우선 스킨케어 카테고리의 목표를 달성하기 위해 각 브랜드별로 어떤 역할을 맡을지, 어떤 고객을 타깃으로 삼을지, 어떤 포지션으로 어디에서 플레이할지 등의 전략을 세웁니다. 그리고 마켓에서 우리 브랜드가 우위를 점하게 하기 위해 타깃 고객에 대해 연구하고, R&D팀과 협업하여 고객의 니즈에 맞는 제품의 포뮬러formula를 만드는 일도 하고요. 예를 들면 어떤 성분의 상품을 어떤 제형으로 만들어 어떤 패키징으로 내놓을지를 논의하죠.

우리 제품을 고객에게 더 잘 전달하기 위해 마켓별로 필요로 하는 브랜드 에셋brand asset을 만드는 일도 합니다. 브랜드의 캐릭터를 정의하고, 보여줄 수 있는 에셋들을 개발하고, 고객에게 어떤 커뮤니케이션 메시지를 전할지 결정하는 일들을 합니다.

매출액 달성과 같은 '실행'에 집중하는 조직에 비해 비즈니스의 장기적 성장 방안을 고민하고 각 마켓의 실행 조직이 성취할 목표와 플랜을 제시하는 역할까지 담당합니다. P&G의 특성상 마케터가 직접 비즈니스를 리드하다 보니, 다른 회사에서는 MD팀, 전략팀 등 여러 팀이 나눠 수행할 일을 마케터가 모두 맡고 있어요.

Q. 무척 다양한 업무를 하고 계신데, 지금 맡고 계신 일 중에서 가장 중요하게 생각하는 것은 무엇인가요?

A. 현재 제품 개발 업무도 맡고 있다 보니 제가 만든 제품이 사람들의 삶에 의미 있는 변화를 만들어내는지가 가장 중요한 것 같아요. 고객의 리뷰를 보면서 의미 있는 변화를 만들어냈다는 생각이 드는 대목을 발견할 때면 크게 동기 부여가 된답니다.

Q. '의미 있는 변화'라, 멋지네요. 일하면서 어느 부분에 가장 만족하시는지도 궁금해요.

A. 업무적으로는 역시 고객에게 의미 있는 변화를 제공할 때 가장 만족스럽습니다. 현재 재직 중인 회사 측면에서 보자면 다양한 일을 경험해볼 수 있다는 게 가장 좋고요. P&G에서는 2~3년 주기로 담당 브랜드나 마켓이 바뀌어 계속 새로운 일을 해볼 수 있거든요.

Q. 하지만 일하다 보면 어쩔 수 없이 아쉬운 부분이나 고민도 생기잖아요. 그런 부분에 대해서도 말씀해주실 수 있을까요?

A. 개인적으로 소비자와 직접 소통하면서 보람을 느끼고 인사이트도 얻는데, 코로나 사태로 인해 최근 몇 년간 소비자와의 접점을 가지기 어려웠던 것이 참 속상했어요. 현재 맡고 있는 마켓이 중동, 아프리카처럼 제가 잘 모르는 나라들이라서 직관적으로 이해하기 힘든 부분들이 더러 있는데, 소비자와의 접점까지 사라지다시피 하니 업무를 해나가는 데 어려운 점이 있었습니다.

더불어 회사 내에서는 '엔드 투 엔드end to end'로 일해보면 좋겠다는 바람이 있습니다. 저는 일을 할 때 나름의 기준을 두고 판단하는데, 그중에는 '그동안 해보지 않았던 새로운 것인가?'라는 기준도 있습니다. 그동안은 다양한 브랜드와 마켓을 경험해봤기 때문에 좀 더 나아가 브랜드 빌딩부터 실행까지 엔드 투 엔드로 일해보면 제게 큰 성장의 기회가 될 것 같습니다.

문제를 가장 효과적으로 해결하는 일

인스타그램 마케터 한승아

- 인하우스 마케터
- PLC: 성장기
- 인더스트리: SNS 플랫폼

그렇게 진짜 마케터가 된다

Q. 안녕하세요? 자기 소개 부탁드립니다.

A. 안녕하세요, 현재 메타코리아 인스타그램에 재직 중인 마케터 한승아입니다.

Q. 먼저, 마케터라는 업에 관심을 가지게 된 계기가 궁금합니다. 어떻게 마케터가 될 수 있었는지도요.

A. 대학 시절 전공의 영향이 아무래도 컸어요. 경영학을 배우면서 스스로 소비자 접점에서 문제를 해결하는 것에 흥미를 느낀다는 걸 깨달았습니다. 문제를 해결하며 비즈니스를 리드하는 실무를 경험해보는 동시에 예전부터 관심 있던 국제적인 활동도 하고 싶다는 생각을 가지고 있었는데요, 좋은 기회로 두 가지 모두를 경험할 수 있는 P&G 싱가폴에서 인턴으로 일하게 됐습니다. 보통 인턴은 본격적인 실무는 맡지 못하고 업무 보조 등을 하는 경우가 많지만, P&G 인턴십은 실무를 즉시 경험해볼 수 있다는 것이 매력적이었어요.

그렇게 인턴십을 하던 중 마케터가 되기로 결심하게 된 결정적 계기가 찾아왔습니다. '호주 마켓 신규 브랜드 론칭 프로젝트'였는데요, 다양한 국가의 사람들과 함께, 한국이 아닌 다른 나라에서의 론칭을 기획해보면서 비즈니스 리드의 A to Z를 속성으로 경험했습니다. 산업의 규모를 파악하고, 경쟁사를 조사하고, 소비자의 니즈를 이해하고, 커뮤니케이션 메시지를 정하는 것 등이 정말 재밌었어요. 이를 기점으로 마케터의 길로 방향을 잡았고, 자연스럽게 P&G에서 마케터 커리어를 시작하게 됐습니다. 학교에서는 경영자의 마인드 위주로 배우다 보니 실제 회사에서 어떤 일을 하고 어떤 고민을 하는지 알기 어려웠는데, 인턴 경험이 큰 도움이 됐습니다.

Q. 그러면 승아님은 마케터는 어떤 일을 하는 사람이라고 생각하나요? 그리고 '일 잘하는' 마케터는 어떤 마케터일까요?

A. 마케터란 '비즈니스 문제가 무엇인지 정의하고 이를 효과적으로 해결하는 사람'이라고 생각합니다. 그중에서도 상위 개념의 비즈니스와 브랜드가 가고자 하는 방향을 명확하게 이해하고, 경영자의 관점에서 브랜드에 기여할 수 있는 마케터가 일 잘하는 마케터인 것 같아요.

Q. P&G에서 이직을 고민하게 된 이유는 무엇이었나요?

A. 제가 일에서 가장 중요하게 생각하는 것은 성장과 임팩트입니다. '내가 성장할 수 있는가'와 '나의 활동이 세상에 얼마나 임팩트를 줄 수 있는가'를 늘 염두에 두고 일하는데요, 이직을 결심하게 된 이유 역시 이와 관련이 깊습니다. 우선 P&G에서 다양한 브랜드를 경험해봤으니 이제는 P&G 밖에서 그동안 해보지 않았던 새로운 일을 해보고 싶다고 생각했어요. 그래야 더 폭

넓게 성장할 수 있을 것 같았거든요. 또, 세상에 보다 큰 임팩트를 전하고 싶다는 마음에서 이노베이션 관련 인더스트리를 경험해보고 싶다는 마음이 컸습니다.

덧붙이자면, 저는 이직 과정에서 'Connecting the dots'라는 문구를 항상 생각합니다. 시간이 지나 제가 한 활동들을 복기해보면 모두 연결될 것이라고 믿고 있어요.

Q. P&G와 인스타그램을 모두 경험해보신 입장에서 두 회사의 차이를 설명해주신다면 무엇이 있을까요?

A. 공통점부터 이야기해보자면 마케터로서 접근하는 방식이 비슷합니다. 비즈니스 성격의 차이는 있지만 브랜드 성장을 위해 기회 요인을 찾고, 'Who-What-How' 프로세스에 맞춰 문제를 정의하고, 그 해결책을 찾아가는 과정은 동일합니다.

P&G의 경우, 소비재라는 인더스트리 특성상 산업의 역사가 무척 길어 러닝이 많이 쌓여 있습니다. 소비재의 특성이 무엇인지부터 어떤 소비자가 우리 상품을 소비하는지, 어떤 유통 채널을 이용하고 있는지, 목표 매출 달성을 위해 어떤 마케팅 액션을 취해야 하는지 등등 모든 것이 비교적 명확하게 잡혀 있었죠. 그리고 고객이 '소비'하게 만드는 것이 중요해서 마케터가 목표 매출을 달성하는 업무에 집중한다는 것도 큰 특징입니다. 그래서 마케터가 자신의 사업을 운영해나가듯이 브랜드의 처음부터

끝까지 전체적인 관점에서 고민할 수 있었습니다.

반대로, 인스타그램의 경우 SNS 플랫폼의 역사가 아직 길지 않아 무엇이 플랫폼의 성장에 기여하는지부터 정의해야 했습니다. 이를 정의해나가는 방식 자체는 P&G와 비슷할 수 있지만 정의해야 하는 것이 훨씬 많다고 해야 할까요? 예를 들면 '어떻게 해야 고객이 인스타그램에 더 오래 머물게 할까?'라는 질문 하나만 두고도 어떤 소비자를 고객으로 정의하는지에 따라 다양하게 접근할 수 있습니다. 그리고 인스타그램 플랫폼 안에도 변화해나가는 프로덕트들이 워낙 많다 보니, 어떤 프로덕트와 어떤 소비자를 매칭할 수 있을지에 관련해서도 선택할 수 있는 방법이 굉장히 다채로운 것 같습니다.

Q. 현재 일하면서 가장 만족하는 부분은 무엇인가요?

A. 마케팅 활동들을 통해 기존에 없었던 새로운 일, 새로운 임팩트를 만들어나갈 수 있다는 점이 가장 만족스럽습니다. 제가 처음 인스타그램에 조인하고 나서 처음으로 고민했던 질문이 "인스타그램에서 소비자/브랜드 마케팅을 해본 적이 없는데, 어떤 마케팅을 해야 할까?"였는데, 이후 지금까지 항상 새로운 질문을 던지고 새로운 해결책을 찾기 위한 일들로 저의 하루가 가득 차 있는 것 같아요.

그리고 제가 좋아하는 브랜드의 마케터로 일한다는 측면에서도 무척 만족스럽습니다. 팬으로서 인스타그램의 미래를 상상하고 기대하기만 하는 것이 아니라 그 미래를 함께 만들어간다는 점이 참 멋지다고 생각해요. 또, 보통 사람들이 생각하는 마케터의 일(이를테면 마케팅 캠페인 진행 같은)을 집중적으로 할 수 있다는 점에서도 재미를 느끼고 있습니다.

Q. 아닌 게 아니라, 인터뷰를 할수록 담당하는 브랜드를 정말 좋아하신다는 게 느껴져요. 인스타그램을 그렇게 좋아하시는 이유도 궁금해지는데요?

A. 지금까지 인스타그램이라는 플랫폼 혹은 브랜드가 세상의 많은 '새로운 것'들을 만들어왔고, 앞으로도 '새로운 흐름'들을 만들어낼 것이라는 확장성이 좋은 것 같습니다. 사실, 인스타그램은 그 자체로 하나의 브랜드인 동시에 셀 수 없이 많은 브랜드들이 조명받게 되는 창구이기도 합니다. 인스타그램을 통해 한국의 크리에이터들이 국내를 넘어 해외에서도 크게 성장하는 모습을 우리는 많이 목격해왔죠. 인스타그램 안에서는 수많은 사람들의 관심사들이 어우러지며 다양한 문화와 트렌드들이 끊임없이 등장하고 있습니다. 이와 같은 무한한 확장성과 자유로운 유동성이 인스타그램의 큰 매력이라고 생각하며, 이런 매력적인 브랜드와 함께 호흡하며 다채롭고 새로운 아이디어와 프로젝트를 기획할 수 있다는 점이 기쁩니다.

Q. 그럼에도 어쩔 수 없이 아쉬운 부분을 이야기해본다면 무엇이 있으실까요?

A. P&G에서는 팀 단위로 직접 어깨를 부딪히며 일했는데, 인스타그램의 경우 전 세계에 있는 팀들과 협업해야 해서 업무 환경과 방식이 다소 다릅니다. 솔직히, 다 같이 으샤으샤 일하는 풍경이 가끔 그립기도 합니다. 하지만 그만큼 다양한 국적의 전문가들과 일하며 새로운 리더십과 업무 방식, 커뮤니케이션 스킬 등을 배울 수 있어 장단점이 있다고 생각합니다.

그렇게 진짜 마케터가 된다

브랜드를
잘 키워서 잘 파는 일

퍼포먼스 대행사 마케터
양소현

- 전) 퍼포먼스 대행사 마케터
- 현) (주)스윗밸런스 인하우스 마케터

Q. 안녕하세요? 자기 소개 부탁드립니다.

A. 안녕하세요. '즐겁게 건강을 챙기고 싶은 마음'을 수익화하는 그로스 마케터 양소현입니다. 퍼포먼스 마케팅 대행사를 경험한 후, 현재는 샐러드 브랜드를 리드하고 있습니다.

Q. 먼저, 어떻게 마케터가 되셨는지 궁금합니다. 마케터가 되기로 마음먹게 된 계기가 있으셨나요?

A. 저는 대학에서 광고홍보학을 전공하고, 원래 광고 분야에서 일하기 위해 준비하고 있었습니다. 그러던 중 종합광고대행사에서 인턴십을 경험하게 됐는데요, 대행사의 실무를 겪어보니 제품을 잘 파는 것보다는 각 캠페인을 잘 해내는 것에 초점이 더 맞춰져 있는 부분에서 아쉬움을 느꼈습니다. 제안과 예산 관리 위주로 업무가 이뤄진다는 점에서도요. 그래서 제품과 서비스에 조금 더 집중할 수 있는 마케터 직무에 눈길이 갔고, '광고를 잘 만들고 싶다'에서 '제품을 잘 팔아보고 싶다'로 저의 관심사가 옮겨가게 됐습니다. 특히 제품의 개선부터 참여하여 결과를 눈으로 직접 확인할 수 있다는 점에서 퍼포먼스 마케팅과 그로스 마케팅에 관심을 많이 가졌습니다.

Q. 퍼포먼스 마케팅과 그로스 마케팅의 차이는 무엇인가요?

A. 개인적으로는 데이터에 기반해 의사결정을 내리고 개선 방

그렇게 진짜 마케터가 된다

안을 찾는다는 점에서 유사하다고 생각합니다. 보통 업계에서는 퍼포먼스 마케팅은 돈이 들어가는 페이드~paid~ 광고를 어떻게 잘 집행할지에 집중한다면, 그로스 마케팅은 이를 포함하되 좀 더 적극적이고 넓은 의미로 이해합니다. 제품을 테스트하며 그 결과를 개선하는 것까지 아우르기 때문이죠.

Q. 광고대행사 이후에 마케터로 일을 시작하게 되기까지의 과정이 궁금합니다.

A. 마케팅 실무 관련 수업을 들으면서 퍼포먼스 마케팅을 본격적으로 공부했습니다. 그러다 '마케팅을 제대로 해보려면 퍼포먼스 마케팅 대행사를 경험해봐라'라는 이야기를 듣고 퍼포먼스 마케팅 대행사에 지원해 입사하면서 마케터로서의 커리어를 쌓기 시작했어요.

Q. 소현님은 마케터는 어떤 일을 하는 사람이라고 생각하나요? 그리고 '일 잘하는' 마케터는 어떤 마케터일까요?

A. 광고 업계에서는 제품과 서비스보다는 광고와 캠페인에 집중해서 소비자가 해당 캠페인을 어떻게 기억하는지 등을 더 중요시한다면, 이에 비해 마케터는 캠페인보다 브랜드 자체에 집중해서 일한다고 생각합니다. 우리 제품을 어떻게 더 잘 알릴지, 어떻게 더 좋은 제품을 만들지 등도 고민하는 거죠.

그리고 내 제품을 '브랜드로서' 잘 파는 마케터가 일 잘하는 마케터라고 생각합니다. 사실, 판매 실적만 두고 본다면 영업팀이 더 잘 팔 수도 있습니다. 그러나 마케터는 보다 장기적인 시선에서 브랜드 인지도를 높이고 브랜드 퀄리티를 해치지 않으며 브랜드 자체를 키워나간다는 점에서 영역이 좀 다른 것 같아요.

Q. 대행사 마케터와 인하우스 마케터를 모두 경험해보셨는데, 주로 어떤 일을 하는지 각각 알려주실 수 있나요?

A. 먼저 대행사에서는 광고 집행과 관련된 지표들을 보는 것으로 하루를 시작했습니다. 광고의 CTR~Click Through Rate~(광고 노출 수 대비 클릭 수 비율), CVR~ConVersation Rate~(광고 클릭 수 대비 전환 수 비율), CPM~Cost Per Mille~(노출 1,000회당 광고비) 등을 통해 광고 집행에 이슈가 없는지 확인합니다. 이어서 클라이언트에게 전달해야 하는 리포트 작성을 비롯해 마감 기한이 있는 업무들(미디어 믹스 전달, 광고 소재 전달 등)을 주로 작업합니다. 필요하면 클라이언트와 미리 조율한 내용들이 문제없이 진행 중인지, 진행 결과에는 특이점이 없는지 분석하는 일도 했습니다.

인하우스 마케터로 일할 때도 지표를 봐야 하는데요, 좀 더 매출과 밀접한 지표들을 다룹니다. 전날의 매출액, 유입자 수, 전환율 등을 보면서 매출에 이상이 없는지 확인하는 것으로 하루를 시작해요. 대행사에서는 볼 수 없었던, 영업이익과 관련된 더 광범위한 데이터들도 살펴봅니다. 이를 활용해 프로젝트 단위로 다양한 일을 수행합니다.

Q. 대행사 마케터와 인하우스 마케터의 가장 큰 차이는 무엇인가요?

A. 아무래도 인하우스 마케터가 봐야 하는 기준도 많고, 업무의 스콥도 넓고, 얽혀 있는 이해관계도 다양한 것 같습니다. 대행사에서는 이해관계의 충돌을 고려하기보다는 클라이언트가 제시한 지표의 달성 여부만 보면 됐는데, 현재는 각 부서별 OKR 충돌까지 고려해 결정을 내려야 하는 일이 많습니다.

또한 대행사에 다닐 때는 무엇보다 클라이언트와 약속된 '일정'이 중요했다면, 인하우스에서 일하는 지금은 '비즈니스 임팩트'를 가장 중요하게 봅니다. 물론, 일정을 잘 지키는 것도 중요하지만 유의미한 임팩트를 만들어낼 수 있어야만 그 프로젝트를 진행한 의미가 있기 때문이죠.

Q. 대행사에서 인하우스로 옮겨오셨는데, 현재 일하면서 가장 만족하는 부분은 무엇인가요? 또, 아쉬운 부분은 없으신가요?

A. 대행사 마케터로 일할 때는 약속한 범위 내에서 일을 무사히 마쳤을 때 성취감을 느꼈습니다. 반면, 인하우스 마케터로 일하는 지금은 끝없이 브랜드를 키워가는 일을 한다는 점이 좋습니다.

하지만 같은 맥락에서, 정답이 없는 분야에서 일하다 보니 내가 잘하고 있는지를 확인하기 어렵다는 점이 조금 아쉽습니다. 비즈니스에 대한 고민 같은 것을 함께 논의할 수 있는 사람이 있으면 좋겠다고 종종 생각합니다.

Q. 이제 대행사에 대해 더 논의하고 싶습니다. 대행사의 업무가 명확하게 나뉘는 것은 아니지만, 크게 어떤 종류로 나뉘고 각각의 업무는 무엇인지 궁금합니다.

A. 말씀하신 대로 대행사의 일은 명확히 구분되지 않아 그 종류가 굉장히 다양한 편인데요, 크게 종합광고대행사, 퍼포먼스 마케팅 대행사, 크리에이티브 대행사(프로덕션)로 구분합니다. 종합광고대행사는 말 그대로 TV 광고부터 디지털 마케팅까지 전체 광고 스콥을 진행하며 일정을 관리하는 곳이라 보면 됩니다. 각 파트별로 종합대행사에서 다시 대대행을 맡기기도 합니다. 퍼포먼스 마케팅 대행사는 미디어 믹스를 짜고 계획하는 데 특화되어 있고, 크리에이티브 대행사는 소재 개발이나 영상 제작 등 창의성이 필요한 분야에 특장점이 있습니다. 앞서 이야기했지만, 그 구분이 딱 나뉘는 것은 아니라서 소재를 만들어내는 퍼포먼스 마케팅 대행사도 있고, 미디어 믹스를 짜는 크리에이티브 대행사도 있어요.

Q. 그런데 제 경험으로 보면 보통 퍼포먼스 마케팅 대행사는 소개 개발 쪽이 약하고, 소재 개발을 잘하는 곳은 퍼포먼스 마케팅이 약한 것 같아요. 둘 다 잘할 수는 없는 걸까요(조금 개인적인 질문입니다만)?

A. 실제로 각 대행사들도 부족한 파트를 인지하고 있고 이를 강화하려고 여러 노력을 기울이기는 하지만, 그다지 유효하지는 않은 듯합니다. 그렇다 보니 규모가 크고 자금 여력이 있는 클라이언트는 각 분야별로 여러 대행사에 일을 맡깁니다. 미디어 믹스는 A 대행사에서, 소재 창작은 B 대행사에서 진행하며 서로 부족한 부분을 보완하는 것이죠.

Q. 그럼, 퍼포먼스 마케팅 대행사나 크리에이티브 대행사가 대대행을 맡기기도 하나요?

A. 네. 예를 들어, 퍼포먼스 마케팅 대행사에서 검색 광고를 전문 업체에 의뢰하는 등 매체 단위로 대대행을 맡기는 경우도 있습니다.

Q. 대행사에서는 보통 몇 곳의 클라이언트를 관리하나요? 업무 분배가 어떻게 이뤄지는지도 궁금합니다. 종합광고대행사와 퍼포먼스 마케팅 대행사의 업무 구조는 어떻게 다른가요?

A. 종합광고대행사에서는 팀 단위로 클라이언트가 배정됐습니

다. 대개 팀 인원 수의 2배 정도의 클라이언트를 맡는데요, 예를 들어 팀원이 3명이면 6곳의 클라이언트를 맡는 식입니다. 컨택은 팀장이 리드하고요.

퍼포먼스 마케팅 대행사는, 제가 일했던 곳이 좀 특이한 경우기는 합니다만 그래도 그곳을 예로 들면, 팀원 1명이 2~3개의 클라이언트를 담당했습니다. 담당하는 클라이언트의 미디어 믹스 제작부터 소재 개발, 세팅까지 1명이 맡아서 진행하니 업무 능력이 단기간에 크게 성장할 수 있었죠. 다른 퍼포먼스 마케팅 대행사는 대개 매체별로 업무를 구분한다고 알고 있습니다. 검색 광고 2년, 디스플레이 광고 2년과 같이 순차적으로 업무 경험을 쌓습니다.

Q. 그렇다면 클라이언트가 대행사와 일할 때 가졌으면 하는 마인드셋이 있나요? 어떤 클라이언트와 일할 때 가장 좋았는지, 그 이유를 알고 싶어요.

A. 저는 공유를 많이 해주는 클라이언트가 좋았습니다. 무언가 제시했을 때 그것을 실행할 수 없다면 실행할 수 없는 이유까지 공유해주시면 정말 좋죠. 그 이유를 알아야 다음에 다른 작업에 이를 반영할 수 있으니까요. 하지만 그런 클라이언트는 많지 않습니다(물론, 현업이 바쁘기 때문에 어쩔 수 없다는 것은 이해합니다). 클라이언트가 대행사를 파트너로서 대하며 이해관계의 충돌이나

그렇게 진짜 마케터가 된다

배경에 대해 알려주면 함께 일해나가기가 무척 좋습니다.

Q. 소재를 제작할 때는 클라이언트가 어떤 가이드를 제공하는 게 좋은가요?

A. 저는 가이드가 명확한 클라이언트도 유연한 클라이언트도 모두 좋았습니다. 하지만 굳이 비교해보자면, 가이드가 너무 명확하면 클라이언트의 목표와 대행사의 목표가 상충하는 경우가 간혹 발생할 수 있습니다.

브랜드 가이드가 확실한 편인 뷰티 브랜드들을 예로 들어 보면 이렇습니다. 대행사는 ROAS가 잘 나오는 것을 중시하다 보니 이를 중심으로 소재를 기획합니다(할인율 강조 등). 그런데 클라이언트는 ROAS보다 일관된 브랜드 이미지를 유지해나가는 것이 중요합니다. 그래서 어떻게 브랜드의 톤 앤 매너를 유지할 것인지, 어떤 상황에서 어떤 타깃에게 어떤 메시지를 전달해 브랜드를 각인시킬 것인지를 더 고려하죠. 이런 부분에서 의견이 갈리다가 결국 대행사에 소재 제작을 맡기지 않고 직접 하기로 한 뷰티 브랜드도 본 적이 있습니다. 브랜드의 일정한 톤 앤 매너를 갖추면서 ROAS를 높이는 대행사의 러닝을 유연하게 받아들이는 클라이언트라면 대행사가 제 역할을 다하기에 더없이 좋겠죠.

Q. 대행사에 대해 개인적으로 궁금했던 것들도 이번 기회에 여쭈었는데요, 잘 설명해주셔서 감사합니다. 마지막으로, 소현님이 마케터 커리어를 만들어가는 데 있어 가장 중요하게 생각하는 것은 무엇인가요?

A. 커리어를 선택하는 저의 1번 기준은 '재미'입니다. 전 스스로 성장할 때 재미있다고 느끼는 편이에요. 그리고 지금은 그동안 해보지 않았던 파트를 경험하는 일이 참 재밌습니다. 또한 인더스트리 차원에서는 '내가 그 브랜드에 호감을 가지는가?'를 중요한 기준으로 삼고 있습니다. 최근에는 '무해한 브랜드'에 많은 호감을 가지고 있는데요, 스스로 떳떳하게 마케팅할 수 있는 브랜드인 것이 중요합니다.

그렇게 진짜 마케터가 된다

일과 커리어의 빈틈을 채워줄 실전 마케터 로드맵

그렇게 진짜 마케터가 된다

초판 1쇄 발행 2023년 5월 10일

지은이 고현숙
펴낸이 성의현
펴낸곳 (주)미래의창

책임편집 김윤하
디자인 강혜민
홍보 및 마케팅 연상희·이보경·정해준·김제인

출판 신고 2019년 10월 28일 제2019-000291호
주소 서울시 마포구 잔다리로 62-1 미래의창빌딩(서교동 376-15, 5층)
전화 070-8693-1719 **팩스** 0507-1301-1585
홈페이지 www.miraebook.co.kr
ISBN 979-11-92519-56-2 03320

※ 책값은 뒤표지에 있습니다.

생각이 글이 되고, 글이 책이 되는 놀라운 경험. 미래의창과 함께라면 가능합니다.
책을 통해 여러분의 생각과 아이디어를 더 많은 사람들과 공유하시기 바랍니다.
투고메일 togo@miraebook.co.kr (홈페이지와 블로그에서 양식을 다운로드하세요)
제휴 및 기타 문의 ask@miraebook.co.kr